고민의
정체

가야마 리카 지음 | 김수희 옮김

AK

일러두기

1. 이 책은 국립국어원 외래어 표기법에 따라 외국 지명과 외국인 인명을 표기하였다.

2. 본문 중, 역자 주로 표기된 것 외에는 모두 저자의 주석이다.
   *역자 주
   예) 파라사이트(성인이 됐지만 독립하지 않은 채 부모의 그늘에서 기생하는 자녀를 일컫는 신조어-역자 주)

3. 서적 제목은 겹낫표(『』)로 표시하였으며, 그 외 인용, 강조, 생각 등은 따옴표를 사용하였다.
   *서적 제목
   예)『우울증 신시대うつ病新時代』,『테크노 스트레스Techno Stress』,『노후가 두렵다老後がこわい』,『영원한 소년永遠の少年』

머리말

정신과 병원 진료실의 문을 두드리는 사람은 누가 봐도 명확한 '마음의 병'을 앓고 있는 사람만이 아니다. 어찌할 바를 몰라 고민스럽지만 당장 어디로 상담을 받으러 가야 좋을지 모르는 사람들, 혹은 아무도 고민 상담에 응해주지 않는다고 생각하는 사람들도 조심스럽게 진료실 문을 두드린다. 그리고 최근에는 "나의 고민은 도대체 어디로 가야 해결될까요?"라며 난감한 표정으로 찾아오는 사람들의 숫자가 늘고 있다는 느낌을 받는다.

예를 들어 언젠가 진료실을 찾아왔던 40대 여성도 그런 케이스였다. 외동딸로 태어나 어린 시절 부모를 병으로 여읜 그녀는 외조부모님의 보살핌을 받으며 성장했다. 외할머니마저 일찍 돌아가셨지만 외할아버지는 다정하고 매사 정확하신 분이라 둘이서 나름대로 즐겁게 생활했다고 한다. 하지만 그녀가 미혼인 상태로 40대가 됐을 무렵, 외할아버지는 이미 90대로 접어드신 연세였기에 자리에

몸져누우시는 일이 잦아졌다. 치매 증상도 보이기 시작해 행여나 화재가 일어날까 염려스러워 항상 누군가가 할아버지를 지켜봐야 하는 지경에 이르렀다.

외할아버지에게는 퇴직연금이 나왔고, 외손녀인 그 여성도 수입이 있어 두 사람은 그럭저럭 살림살이를 꾸려갈 수 있었다. 그녀는 정규직 사무원이었는데 회사 사정이 계속 악화되면서부터 보너스가 나오지 않았다. 외할아버지의 건강이 염려돼 간병 휴가를 신청했더니 회사 측에서는 "기간은 3개월, 횟수는 1회 한정"이라고 못을 박았다. 그리고는 "이제 일하긴 힘들지 않겠어?"라며 암묵적으로 퇴사를 종용하는 발언까지 했다. 그녀는 결국 회사를 그만두고 말았다.

그 후 파트타임 근무와 외할아버지 간병을 병행하는 생활이 시작됐다. 외할아버지가 간병보험 수급 대상자로 인정받아 일주일에 두 번씩 방문하는 간병인과 교대로 외할아버지를 돌봤다. 눈 깜짝할 사이에 저금은 바닥이 났고, 생활보호 서비스를 받고자 상담하러 갔지만 "친척분들에게 도움을 청해보면 어떨까요?"라는 답변만 들었을 뿐 창구에서조차 제대로 응대해주지 않았다. 외할아버지에게는 돌아가신 그녀의 어머니 이외에 또 한 명의 자식인 아들이 있었지만 이미 소식마저 끊긴 상태였다. 의지할 만한 친척이라곤 한 사람도 없었다.

옛날에는 혼자서 뭐든지 척척 해내셨던 외할아버지였는데, 최근에는 그녀가 잠깐 장을 보러 나가기라도 할라치면 그것만으로도 불안해지는지 큰 소리까지 지르신다. 집에서 돌보는 것은 더 이상은 무리라는 생각도 들었지만 지자체 복지과에서는 "그렇다고 몸 어디 어디가 딱히 나쁜 것도 아니니 요양병원에 입원할 정도는 아니고 특별간병 요양소特別養護老人ホーム(신체적으로나 정신적으로 현저한 장애가 있어 24시간 간병이 필요하지만 자택에서는 간호가 불가능한 65세 이상의 고령자를 위한 특별 요양소. 설치 주체는 지방자치단체나 사회복지법인 등-역자 주)에 들어가려면 2년은 대기해야 한다"고 말했다.

생활은 갈수록 어려워져서 자신이 좀 더 일을 해야 하는데, 그렇다고 외할아버지를 혼자 계시게 놔둘 수도 없었다. 자신을 길러주신 고마운 분이었기에 어떻게든 보살펴드리고 싶지만 자신에게는 돈도, 간병 지식도 없다. 점점 위축되기만 할 뿐이다. 그렇다고 기분 전환을 위해 밖으

로 나갈 수도 없다. 한밤중에 외할아버지를 돌보고 있노
라면 '죽음'이라는 단어가 머릿속에 떠오른다….

"저에게 그토록 잘해주신 할아버지신데, 최근에는 야속
하다는 생각마저 드네요. 선생님, 저는 몰인정한 인간인
걸까요…?"

진료실에서 눈물을 흘리는 그녀에게 나는 무엇을 해줘
야 할지 그저 망연자실해질 뿐이었다. 그녀는 불성실한
인간이 아니었고, 그녀에게는 아무런 잘못도 없었다. 불
우하게도 어린 나이에 부모님을 여의었을 뿐이다. 그저
성실히 일했고, 외할아버지와 함께하는 소박한 생활을 소
중히 생각하며 지금껏 살아왔을 뿐이다. 그런데도 인생의
후반기에 접어들었을 무렵, 어째서 이런 어려움을 당해야
하는 걸까.

"지은 죄가 많아 벌을 받고 있는 건지, 답답한 마음에
점쟁이한테라도 찾아가볼까 생각했지만 그 전에 일단 병
원에 와봤습니다"라고 말하는 그녀의 기분을 풀어주고자
"아마 복채보다는 진찰료가 싸지 않을까요? 여기로 먼저
오시는 게 맞지요"라고 가볍게 농담을 건넸더니 그제야
얼굴에 엷은 미소를 띠었다. 하지만 그 외에 내가 해줄 수

있었던 것이라고는 '죽는 길밖에 없다'고 생각할 정도로 심적으로 궁지에 몰려 있던 그녀의 우울한 마음을 조금이나마 편하게 해줄 수 있는 약을 처방하는 것, 그리고 생활의 힘겨움과 고통스러움에 대한 그녀의 이야기를 오로지 들어주는 게 고작이었다.

그녀가 깊은 고민을 끌어안고 있다는 것은 분명했다. 하지만 그 고민은 고민으로서 정당한 것일까. 친척이든 이웃이든 그녀를 도와줄 수 있는 사람이 있었다면, 혹은 외할아버지가 좀 더 충분한 간병을 받을 수 있었다거나 경제적인 불안이 해소됐다거나 복지의 혜택을 좀 더 누릴 수 있었다면, 그녀는 이토록 고민하지 않아도 되지 않았을까.

여기서 두 가지 방식의 사고가 가능하다. 한 가지는 '실제로 그런 고민이 생겨버린 것은 명명백백한 사실이므로 어쩔 수 없다. 그러므로 조금이라도 해결을 위한 대처법을 찾아보는 수밖에 없다'라는 생각이다. 그리고 다른 한 가지는 '애당초 은혜를 베풀어주신 할아버지가 고령자가 되시면서 자연스럽게 필요하게 된 간병을 오로지 한 사람이 끌어안을 수밖에 없게 된 것, 그것이 고민이 돼버리는 것 자체가 이상한 게 아닐까'라는 생각이다.

물론 인간에게는 항상 고민이 있게 마련이다. 오히려 아무런 고민이 없는 인생은 있을 수 없다. 하지만 최근에는 진로 고민이나 애정 고민처럼 누구나 경험하는 젊은 날의 고민이나 어느 식당이 맛이 있는지 같은 사치스러운 고민과는 차원이 다른, 이전 같으면 그다지 생각지도 못할 것이 지금은 심각한 문제나 인생의 장애가 되는 타입의 새로운 고민이 늘고 있는 것 같다. 성실하게 살아왔는데 인생이 뜻대로 풀리지 않게 된 이 여성의 고민도 그런 종류일 것이다.

　그리고 애당초 고민이라고 부를 정도는 아닌 것까지 계속해서 고민으로 승격되고 있는 상태다. 그렇다면 "이것도 시대적 흐름일까"라며 그냥 지나쳐버릴 수는 없지 않을까. 그렇다고 "과거였다면 산뜻하게 해결할 수 있었던 것을 그렇게까지 끙끙거리며 고민하다니, 당신 자신이 너무 나약한 인간이네요"라며 고민하고 있는 당사자를 질책해버린다면 그것 역시 잘못된 일일 것이다. 과거엔 고민거리가 아니었던 문제까지 고민이 된다면, 역시 오늘날의 사회 자체가 이상한 게 아닐까. 이런 관점도 결코 잊어서는 안 될 것이다.

진료실에 왔던 여성도 그랬지만 고민에 한창 빠져 있는 사람들의 대부분은 자칫 '이 고민의 원인은 나에게 있다'고 생각하기 쉽다. 지금 자신이 고민하고 있는 것은 '내가 똑바로 못 해서', '내 성격이 어둡기 때문에' 그런 거라고 생각해버리는 경향이 있다. 외할아버지를 간병하던 여성도 "저는 우울증일까요? 우울증이라서 간병 하나 제대로 해내지 못하는 걸까요?"라고 말했다. 물론 그것은 인과관계가 정반대다. 일을 할 의욕과 능력을 갖추고 있었지만 간병 때문에 그것들을 발휘할 수 없었고, 경제적 원조조차 얻을 수 없는 상황이었기 때문에 우울증에 걸려버렸던 것이다. 아무리 정신적으로 건강한 사람이라도, 혹은 강인한 성격을 가진 사람이라도 이런 상황에 내몰리면 누구나 우울증에 걸릴 것이다.

물론 고민을 안고 있는 사람들 중에는 자기 자신이 아니라 가까운 누군가, 예를 들어 가족이나 연인 등을 격렬히 질책해버리는 사람도 있다. 하지만 그 순간에도 '애당초 내가 현재 하고 있는 고민이란 것이 이전에도 이토록 고민할 만한 일이었을까?'라는 발상은 없다. 고민이 고민으로서 거기에 있다는 대전제는 그대로인 채 '나쁜 사람은 나

일까, 아니면 부모나 연인일까'라는 식으로 탓하는 상대가 바뀌고 있을 뿐이다.

이 책에서 다루고 있는 고민의 대부분은 아마도 10년 전, 20년 전이었다면 고민 축에도 들지 않았을 법한 것, 혹은 고민거리가 됐다 해도 약간의 삶의 지혜나 아이디어, 주변 사람들의 도움으로 심각해지기 전에 해결할 수 있었던 부류의 고민이다. 그런 의미에서 이런 것들은 '요즘 시대의 고민'이라고 말할 수도 있을 것이다. 그리고 그런 고민을 해결하기 위해 필요한 것은 '생각하는 방식의 전환'도 '생활습관의 개선'도 '전문가의 치료'도 아닌, 실은 '그런 것들을 굳이 고민하지 않아도 되는 사회를 만드는 것'인 경우가 적지 않다. 고민이라고 하면 자칫 '본인 마음먹기 나름'이라며 당사자에게 그 해결책을 요구하기 십상이지만, 좀 더 다각적으로 생각하는 편이 바람직한 경우도 있다.

또한 '애당초 내가 왜 이런 고민 때문에 괴로워해야 하지? 이상하지 않아!?'라고 생각한 나머지 고민이 분노 표명이나 항의로 이어지는 경우도 있을 것이다. 어쩌면 그런 상태가 진전돼 서명이나 투서 같은 행동도 발생할 수 있다. 실제로 그런 구체적 행동이 해당 고민을 해결하는 데는 가장 효과적이고 좀 더 본질적인 해결책이 될 수도 있다.

고민을 어떻게 해결할지 그 대책을 강구하기 전에, 그런 고민의 정체가 무엇인지를 똑똑히 살펴보고 분류한 뒤 '이 것이 애당초 고민거리가 될 만한 일인지'를 재검토해볼 필 요도 있을 것이다.

하지만 예를 들어 앞부분에서 소개한 여성이 "성실히 살 아온 내가 할아버지 간병 때문에 이토록 고민하고 고통받 는 세상의 시스템이 이상한 거야"라고 혼자 아무리 생각 해본들, 이 여성이 당면한 문제들이 단박에 사라지는 것 은 아니다. "잠 못 이루는 밤이면 '죽음'이라는 두 글자가 머릿속에서 떠나지 않는다"고 호소하는 그녀에게 "당신이 고민하는 건 20년 전이었다면 '할아버지를 잘 보살피려는 마음이 지극하기 때문'이라며 모두가 칭찬했을 거예요"라 고 말해준들 무슨 위안이 되겠는가.

아무리 그것이 애당초 고민거리가 될 필요가 없었던 고 민이라 해도, 일단 눈앞에 닥친 고통은 한시바삐 제거하고 나름의 대처법도 생각해야 한다. 그렇게 응급처치를 해나가며 '하지만 애당초 이건 이상하지 않을까?'라고, 고민에 빠진 스스로를 거시적인 시각으로 조망해보는 관점도 결코 잊지 않도록 해야 한다. 요컨대 요즘 시대의 고민에는 '지금'과 '애당초', 두 가지 서로 다른 차원의 대처가 필요하다는 말이 될 것이다. 예를 들어 간병으로 고민하는 여성의 경우, 의사가 약을 처방해주거나 카운슬링을 하면서 상담에 응하고, 동시에 관공서에 가서 다시 한번 호소해 좀 더 양질의 간병 서비스를 검토해줄 것을 부탁하게 하는, 두 가지 형태의 서로 다른 대처 방식을 생각해볼 수 있다.

하지만 고민하고 있는 사람에게 "관점을 바꿔 서로 다른 두 가지의 현명한 대처 방식을 반드시 생각해내야 합니다"라고 말하면, 그것만으로 그 고민은 더더욱 심화될 것 같다. 고민이 늘어났을 뿐만 아니라 그런 고민에 대해 차분히 고민해보는 것조차 불가능한 시대인 것이다. 현명한 소비자나 현명한 유권자가 될 것을 권유받고, 나아가 현명히 고민하는 사람이 되라는 말까지 듣는다면, 이건 해도 해도 너무한다고 말하는 사람도 나올지 모르겠다. 하지만 다시 한번 '나의 이 고민은 정말로 정당한 고민인 걸까? 애당초 이런 것 때문에 고민해야만 한다는 것 자체가 이상하

지 않을까?'라는 것에서부터 사고를 출발해보는 것은 어

떨까.

목차

1. 미움받을까 봐 두렵다
– 인간관계 편

분위기 파악을 못 하면 어쩌지?

TV 생방송 프로그램에서 해설자로 나서는 기회가 종종 있는데, 나중에 그 방송을 본 사람들로부터 "그런 프로그램에선 어느 정도 미리 상의를 해요? 대본 같은 게 있나요?"라는 질문을 자주 받는다. 실은 내가 출연하는 어떤 프로그램에도 대본은 없다. 심지어 사전에 상의 같은 것도 거의 하지 않은 채 바로 촬영에 임한다. 기껏해야 프로그램 개시 30분쯤 전에 그날의 대략적인 흐름에 대해 간단히 설명만 들을 뿐이다.

그러나 막상 프로그램 촬영이 시작되면 마치 면밀히 상의라도 해둔 것처럼 사회자나 해설자들의 호흡이 척척 맞아떨어지는 상태로 프로그램이 진행된다. 모두들 TV 프로그램에서 제각기 맡은 역할을 적절히 소화해내며 자신에게 기대되고 있는, 혹은 시청자가 기대하고 있을 거라고 생각되는 말을 정확하게 한다.

생각해보면 이것은 참으로 신기한 일이다. 명확한 의사를 피력해가며 관리·지배하는 사람이 있는 것도 아닌데, 모두들 눈에 보이지 않는 분위기를 정확히 파악하며, 전체적인 흐름에 맞춰가려고 하고 있다. 거꾸로 생각해보면 그 순간의 분위기를 파악하지 못하고 토론의 흐름에 거슬러서라도 자신의 의견이나 생각을 관철시키는 해설자는 'TV 프로그램에 맞지 않은 사람'이라는 평가를 받게 돼버릴지도 모른다. 우선시되는 것은 자신의 의견이나 생각을 고집하는 것이 아니라, 주위의 분위기를 적절히 간파해가며 자신에게 기대되고 있는 역할을 요령껏 소화해내는 것이다.

내가 근무하는 대학에서 최근 접하는 학생들을 보면 이런 식의 분위기 파악에 거의 필사적인 것 같다. 누군가가 "어제 그 프로그램 봤어?"라는 말을 꺼냈을 때 즉각적으로 "봤어, 정말 최고였어!"라고 말해야 할지, 혹은 "보긴 봤는데, 좀 아니던데"라고 말해야 할지 고민스러운 모양이다. 자신이 느낀 그대로를 말하면 될 것 같은데, 학생들 입장에서 중요한 것은 자신의 의견을 피력하는 것이 아니라, 어떻게 하면 상대방의 기분이나 주위의 분위기를 잘 파악해서 그 흐름을 해치지 않을 발언을 할 수 있을까 하는 점이다. 그리고 설령 자신은 그 프로그램이 마음에 들지 않았다 해도 그 자리의 분위기가 긍정적이라고 느꼈다면 "재미있었지, 그치?"라고 밝게 말해야 한다. 그렇게 하지 않으면 '분위기 파악 못 하는 애'로 치부돼 자칫 모두로부터 경원당하는 결과를 가져올 수 있기 때문이다. 이렇게 되면 대화라는 것도 커뮤니케이션이라기보다는 '분위기를 파악하는 게임' 같은 것이 돼버린다.

일본인들에게는 애당초 '자신의 기분보다 주위의 질서를 소중히 한다'는 성격적 특성을 가진 사람들이 많다고 파악돼왔다. 정신의학의 세계에서는 '멜랑콜리 친화형'이라고 불리는 타입이다. 이런 타입의 사람들은 조직이나 집단의 질서가 잘 유지되고 있는 동안에는 착실히 일하며 자신의 능력을 발휘할 수 있지만, 그런 화목한 분위기가 훼손되면서 예상외의 사태에 빠지면 순식간에 정신적으로 무너져 경우에 따라서는 우울증 증상을 보이기도 한다. 최근에는 이런 멜랑콜리 친화형 타입이 줄어들고 '주위와의 화합보다도 자신의 기분이 먼저'라고 생각하는 '자기 우선, 자기 중심형' 인간이 늘고 있다고 하는데, 꼭 그렇지만도 않은 것 같다. 분명 회사나 학교 등 공적인 자리에서는 '조직에 대한 충성보다 자신이 소중하다'고 생각하는 사람들이 늘고 있는 것 같지만, 동급생이나 친구 등 사적인 인간관계에서는 오히려 여태까지보다 더 주위의 상태나 분위기의 흐름에 신경 쓰는 사람들이 늘고 있다는 인상을 받는다.

사적인 인간관계라고는 해도 완전히 사적인 부모·자식, 연인, 부부 관계에서는 서로에게 하고 싶은 이야기를 다 하고, 심지어 때로는 폭력적으로 상대방을 지배하려고 하는 '가정 내 폭력' 문제까지 부각되고 있다. 요컨대 서로 분위기를 파악한다는 것은 직장만큼 공적인 자리는 아니지만, 연인이나 부부처럼 사적인 것도 아닌, '준(準)퍼플릭' 관계에서 특히 눈에 띄고 있다. 예를 들어 TV 정보 프로그램에 등장하는 '출연자 동료' 관계도 그렇다고 할 수 있다. 눈에 보이지는 않지만 카메라 건너편에 있을 시청자와 출연자의 관계 역시 마찬가지일 것이다. 혹은 젊은 사람들의 경우 '절친한 친구는 아니지만 그렇다고 완전히 타인도 아닌' 대학 동급생, 서클 동료 등이 이런 준퍼블릭 관계에 가까울지도 모르겠다. 거기에서 자신이 어떻게 보이는지, 주위로부터 돌출돼 있지는 않은지에 신경을 곤두세우는 사람들이 늘어나고 있다. 완전히 사적인 친구라면 그 속내를 잘 알기 때문에 다소간 오해가 있더라도 바로잡을 수 있다. 공적인 관계라면 거기서 평가되고 있는 것은 '진정한 나'와는 다소 거리가 있으므로 설령 실수를 한다 해도 그리 크게 신경 쓰지 않아도 된다. 그와는 달리 동료들, 특별히 가까운 것은 아니지만 표면적으로만 사귀고 있는 것도 아닌 준퍼블릭 관계에서의 평가나 시선은 가장 중요한 의미를 지닌다.

그렇다면 이런 준퍼블릭 관계 안에서 사람들은 어째서 이토록 분위기를 파악하려고 할까. 혹은 그런 분위기에 자신의 행동이나 발언을 맞추려고 할까. 우선은 자신만 주위 사람들과 동떨어진 의견을 내보여 혹시라도 그 자리의 소수파가 되지 않을까 두려워하는 마음이 있기 때문이라고 파악된다.

소수파라는 것은 '천만 명이 앞길을 가로막는다 해도 나는 내 길을 가리라'라는 표현에도 나타나 있듯이 때에 따라서는 개성 혹은 비범함, 강인함이라는 의미와도 이어져 있다. 하지만 최근의 '소수파'라는 표현에는 '루저' 등의 단어가 상징하는 부정적인 이미지가 따라다닌다. 2006년 12월, 전년도 총선거에서 우정 민영화에 반대표를 던져 자민당을 탈당했던 의원들의 복당이 허가됐다. 해당 의원들은 복당을 허락해준 아베 총리에 대해 "목숨을 구해준 은인"

이라며 그 감회를 말한 사람도 있었다. 그런 상황을 직접 보면서 소수파라는 것이 얼마나 비참하고 무력한지 새삼 통감하게 된 사람도 적지 않았을 것이다.

나는 내가 근무하는 대학에서 '신경 관련 난치병으로 호흡 기능이 저하된 환자에게 인공호흡기를 사용해야 하나 말아야 하나' 같은 생명윤리에 관한 문제나 인신매매처럼 일본에는 없지만 외국에는 버젓이 존재하는 사회적 문제들을 대상으로, 학생들에게 각각의 구체적인 케이스를 검토하고 그에 대한 생각을 말해보라고 하는 경우가 있다. 그때 "만약 당신이라면 어떻게 하겠습니까"라고 학생들에게 물어보면 "저는 그렇게 될 일이 없을 거라고 보기 때문에 잘 모르겠습니다"라든가 "그런 사람이 주변에 없어서 상상할 수 없습니다"라는 답변이 되돌아와 놀라곤 한다. 지금 당장 건강한 것, 지금 이 순간 평화롭고 풍요로운 나라에 있는 것은 그저 우연에 불과할지도 모르는데, 그것이 마치 당연한 일인 양, 그런 '안전한 다수파'에 속하는 상태가 언제까지고 마냥 지속될 거라고 생각하고 있는 것이다. 그리고 그렇지 않은 사람들, 요컨대 지금 현재 자신의 입장에서 봤을 때 소수파라고 생각되는 사람들의 심정 따위는 굳이 상상할 필요도 없다고 생각하는 것이 암묵적으로 양해되고 있는 모양이다.

정신분석학자 H. 도이치H. Deutsch는 카멜레온처럼 그 자리에 자신을 맞춰 인격 구조를 바꿔버리는 사람들에게 '가장성 인격장애as-if personality(='마치 인양' 인격-역자 주)'라는 이름을 부여했는데, 바야흐로 가장성 인격장애는 병리학적 용어가 아니라 현대인으로서 살아남기 위한 게임의 기본 룰이 되고 있는 건지도 모르겠다. 하지만 도이치는 가장성 인격장애를 가진 사람들은 언제부턴가 스스로의 공허함에 대해 인식하고 정신적인 파탄에 빠지게 된다고 지적하고 있다.

현대 사회에서 살아남기 위해서는 가장성 인격장애를 거부하고 소수파가 돼버리는 것이 나을까? 아니면 언젠가는 파탄을 불러올 것임을 알면서도 어쩔 수 없이 가장성 인격장애를 반복하는 쪽이 좀 더 유리할까? 오히려 유리하게 살아가기 위해 자기 자신의 존재 양식마저 그때그때의 유행이나 상황에 맞춰 조작해가야 한다는 쪽이 애당초 좀 더 문제일 것이다. 생각해보면 누가 강제하거나 관리하고 있는 것도 아닐 터이다. 그런데도 현대인들은 스스로 자유로운 자기 자신으로 있는 것, 자신의 의견이나 생각을 자유롭게 발언하는 것을 포기하고 있다. 그리고는 오로지 자기가 놓여 있는 곳의 분위기를 읽어내고 그것에 맞춰나가는 것에 에너지를 쏟아붓고 있다. 그런 현대인들이 추구하는 '자신에게 유리한 최종 목표'는 도대체 무엇일까.

타인의 실수를 용서할 수 없다

학교에서의 이지메(집단 따돌림-역자 주)가 다시 문제가 되고 있다. 일본 문부과학성의 조사에 따르면 최근 수년에 걸쳐 '이지메에 의한 자살은 제로'라고 조사됐는데, 실제로는 그렇지도 않다는 것을 알게 됐다. 2006년에는 홋카이도의 다키가와滝川시에서 초등학교 여학생이 자살을 시도했다가 몇 개월 후 세상을 떠나는 사건이 발생했다. 이어 후쿠오카福岡의 중학교 2학년 남학생도 이지메 때문에 고민하다 자살했다는 사실이 밝혀졌다.

후쿠오카의 경우, 담임교사가 주도적으로 소년을 놀렸고, 그에 동조하는 방식으로 반 친구들도 이지메에 동참했다는 사실이 드러나 커다란 사회문제가 됐다.

괴롭히는 아이들의 심리 상태는 도대체 어떠할까. '아이들에게는 본래 잔학성, 공격성이 있어서'라는 설명을 자주 듣는데, 이것은 문제의 어떤 일면에 불과할 것이다. 이지메에 가담하는 아이들은 '다음엔 자신이 표적이 되는 게 아닐까' 하는 불안감이나 공포심을 안고 '일단 이 아이를 괴롭히고 있는 동안엔 적어도 내가 당할 일은 없을 것'이라는 생각에서 눈앞의 희생양을 격렬히 공격함으로써 그 불안감을 은폐하는 경우가 많다. 그리고 집으로 돌아간 후에 '해서는 안 된다는 것을 알면서도 이지메를 멈출 용기가 없어' 그런 짓을 했다는 죄책감에 시달리다 그것을 감추기 위해 다음 날 더더욱 심하게 그 아이를 괴롭히는 악순환이 발생한다. 이런 행동의 기저에는 왜곡된 자기방어 메커니즘이 작동하고 있다.

그러나 이것은 비단 아이들의 세계나 교육 현장에만 국한된 일이 아닐 것이다. 요즘 사건·사고가 발생할 때마다 매스컴이 일제히 그것을 보도하고, 용의자가 얼마나 잔인하고 반사회적인 인물이었는지 거듭 반복해서 전달하는 경향이 현저하다. '이자라면 철저히 비난해도 좋겠다'라는 표적이 발견되면 "용서할 수 없다", "분노를 느낀다"라며 집중포화를 퍼붓는다. 모든 것을 개인의 잘못으로 돌릴 뿐만 아니라, 애당초 어째서 그런 사건이 일어났는지 그 사회적 배경에 대한 분석도 없다. 나아가 '동일한 잘못을 일으킬 위험성이 내게도 있지 않을까' 하는 자기성찰도 없다.

2006년 9월 26일 나라奈良현 여아 살해사건의 피고 고바야시 가오루小林薫에게 사형 판결이 난 날, 아사히신문 석간에는 '엄벌화, 억세력으로 이어지지는 않는다'라는 제목으로 우치다 히로후미内田博文 규슈九州대학대학원 교수의 다음과 같은 코멘트가 게재됐다.

"피해자 유족의 참혹한 감정을 구제해주거나 범죄를 억제하기 위해 사형이 타당하다고는 생각하지 않는다. 안이한 엄벌화는 재판에서 범죄 원인이나 배경을 분석하고 규명하는 작업을 소홀하게 만들 수 있다. 고바야시 피고에 대한 정신 감정에 따르면 부친에게 당한 폭력이나 학교에서의 이지메, 사회적 고립이 범행으로 이어졌다고 추정되고 있다. 범죄의 원인이 된 문제를 궁극적으로 해결하는 것이야말로 범죄를 억제하는 지름길이 아닐까. 유럽연합 (EU) 헌법에 사형제 폐지가 포함됐지만 그것 때문에 살인이 증가했다는 이야기는 들어보지 못했다. 재판에서 유족들의 과거의 고통은 검토되지만, 피고에게 극형을 내린다 해서 미래의 고통이 없어지지는 않을 것이다. 국가나 사회는 거기에 필요한 처치를 해야만 한다."

우치다 교수는 이 같은 이유를 들어 안이한 엄벌화로는 범죄를 줄이는 효과를 기대할 수 없으며, 오히려 범죄를 근본적으로 예방하기 위해서는 사건의 배경에 대한 원인 규명과 그에 기반한 해결책 모색이 필요하다고 주장하고 있다. 이 코멘트에는 아무런 논리적 모순이 없으나, 특정한 '악'을 콕 집어내서 동시다발적으로 격렬한 비난을 퍼붓는 오늘날의 매스컴의 행태를 돌아보면 극히 소수파의 의견에 불과했다.

어느 정치학자가 "최근 세간에서 '프티(小) 정의감'을 휘두르는 사람이 증가하고 있는 것 같다"라는 이야기를 했다. 커다란 권력을 가진 정치가나 경영자의 부정이나 모순에는 둔감하면서, 가까이에 있는 누군가가 어떤 돈을 부정한 방법으로 받았다는 것을 알기라도 하면 그것에 대해 지나칠 정도로 규탄한다. 물론 비난하고 있는 측도 완전히 청렴결백하다고 장담할 수 없으며, 사소한 거짓말이나 은폐 공작, 어쩌면 불륜 따위를 하고 있을지도 모른다. 그럼에도 유독 남을 비난할 때는 '나야말로 정의 그 자체'라도 되는 듯이 상대방을 일방적으로 공격하는 것이다. 이런 현상은 사회적으로 윤리관이나 정의감이 강해지고 있다는 것을 반영하고 있을까? 아마 그렇지 않을 것이다. 오히려 그것 역시 정의 편에 속해 있다는 입장을 주장함으로써 자신은 올바르고 안전하다는 것을 확인하려고 하는, 일종의 자기방어 심리에 바탕을 두고 있을 것이다.

아이들이건 어른들이건 매스컴이건, 자신들의 생활 속에서 기실은 자신들과 대동소이한 열등, 악, 적을 찾아내서 '타인의 실수는 용납할 수 없다'는 식으로 일제히 공격함으로써 자신만의 안전성이나 정당성을 확인한다. 이런 사태가 구조적으로 일어나고 있다.

게다가 앞에서 언급한 이지메의 예를 살펴보면 알 수 있듯이 이 문제는 좀 더 복잡하다. 반 안에서 특정한 희생양이 선발되고 그 학생을 타깃 삼아 이지메가 행해진 것이다. 그러나 일단 그런 정황이 드러나면 이번엔 그 이지메에 가담한 교사나 학생들이 매스컴에 의한 일제 공격의 대상이 돼버린다. 물론 본인이 저지른 잘못에 책임을 지는 것은 당연한 일이지만, 매스컴도 어떤 의미에서 이지메와 동일한 구조로 움직이고 있다는 사실을 간과하기 쉽다.

누군가를 '악'이라고 특정해서 비난하거나 괴롭혀도 진정한 의미에서 안전한 입장을 확보할 수는 없다. 이지메나 공격의 연쇄 작용이 계속되면 계속될수록 이번에야말로 자신이 비난받는 측, 실패하는 측이 될지도 모른다는 불안감이나 공포심은 더 커질 뿐이다. 내 안에도 그와 동일한 요소가 있다는 사실을 인정하는 용기를 가지지 않는 한 불안감은 결코 사라지지 않을 것이다.

젊은이처럼 요령껏 대처할 수 없다

정신의학자 가사하라 요미시笠原嘉 씨가 특정한 유형의 사람들에게 '퇴각신경증'이라는 이름을 붙여 주목받은 바 있다. 원래는 우수한 자질을 갖추고 있다고 추정되는데 묘하게도 무단결근을 반복하는 젊은 비즈니스맨이나, 혹은 장기간 유급을 계속하는 학생들의 심적 문제를 이런 명칭을 통해 파악하려고 했던 것이다. 가사하라 씨가 증상의 예로 소개하고 있는 한 남성의 경우, 무단결근 후 회사에 출근하면 묘하게 '뻔뻔하게' 군다는 특징이 있다고 한다. 가사하라 씨의 저서에서 인용을 해보면 다음과 같다.

"응당 사과해야 마땅하다고 생각되는데, 그 점에서 그는 아무리 봐도 너무나 뻔뻔해서, 그냥 태연히 일을 하고 있다. 그런 계통의 신경이 하나 쏙 빠져 있다고 생각돼 주위 사람들은 도무지 마음이 편치 않다"(『퇴각신경증退却神経症』고단샤 현대신서講談社 現代新書, 1988년)

하지만 운동회나 골프 대회 같은 상황이 되면 이야기가 완전히 달라진다. 깜짝 놀랄 정도로 의욕이 넘치기 때문에 이쯤 되면 주변인들은 의아함을 견딜 수 없다. "이건 뭐지? 도대체 어떤 인간인 거지?"라는 말이 나오는 것이다. 30대나 된 성인 남자치고는 그런 상황에 대해 너무나 배려가 없다는 생각이 들게 만든다.

이렇듯 신기한 퇴각신경증이란 병을 가사하라 씨가 처

음으로 보고했던 것은 1970년대의 일이었다. 당시엔 이런 사람들이 회사나 학교에서도 아직은 소수였기 때문에 가사하라 씨는 그들이 단순한 게으름뱅이, 혹은 땡땡이치기를 좋아하는 사람이 아니라 어떤 종류의 '심적 질병'을 앓고 있는 사람일 거라는 점을 강조하고 싶었을 것이다.

그런데 최근에는 20대나 30대 중에서 업무 면에는 무능력하지만 회사에서 레저를 하는 상황이 되면 매우 활력이 넘치고, 일이 좀 힘든 시기가 되면 결근해버리지만 편해지면 나오는 사람들이 결코 보기 드문 타입은 아니다. 가사하라 씨 표현대로 '뻔뻔하게' 군다는 것은 바야흐로 퇴각신경증을 보이는 사람에게만 국한된 특징은 아닌 상황이됐다.

뻔뻔하게 구는 부하를 둔 상사나 선배는 자기도 같이 일을 대충 하거나 힘들 때 요령껏 도망갈 수도 없다. 결국 결근한 사람 몫까지 일해야 하는 상황에 봉착하는 것이다. 근본적으로는 배려심이 있으며, 착실하게 계속 일하는 것에 너무 익숙해져버렸기 때문에 가끔 부하가 "쉬어서 죄송합니다"라고 기특한 발언이라도 할라치면 자기도 모르게 "아니, 이 정도 가지고 뭐, 괜찮아, 괜찮아. 무리하지 말고 푹 쉬도록 하게나" 따위의 말을 무심코 건네버린다. 그리고 나중에야 "내가 왜 그 녀석 몫까지 일해야 하는 거지?"라며 부조리함을 느끼고는 화를 내는 것이다.

그렇다면 계속해서 비슷한 근무 자세로 착실히 일해온 사람들도 이런 20대나 30대처럼 뻔뻔하게 굴면 좀 더 편해질 수 있을까. 일에서 손을 좀 떼거나 일 처리를 잘못하거나 해도 아무런 신경도 안 쓰고 여행이나 레저를 즐기면 될까? 아마 그렇지 않을 것이다.

왜냐하면 뻔뻔하고 요령 있게 헤쳐나가는 것처럼 보이는 젊은 세대들도 결코 스스로 잘해냈다, 즐겁다고 생각하고 있는 것은 아니기 때문이다. 그들 입장에서도 마음속으로 실은 '이건 아닌데', '좀 더 일에 전념하고 싶다'는 초조함이나 불만족스러움을 안고 있다. 본인들도 '노는 걸 잘하니, 일도 잘할 수 있을 텐데, 왜 그럴까, 도저히 못 하겠다'는 조바심을 느끼고 있을 것이다.

이 일이 자신의 중심이라고 생각하고 일에 몰두해야 하지만 결국 집중하지도 못한다. 하지만 놀이나 취미라면 수월하게 집중할 수 있다. 실은 이런 성향이 퇴각신경증의 증상이라는 것을 가사하라 씨는 지적하고 있는 것이다. 이것은 '정업正業 불안'이라고도 불린다. 정업 불안에 빠진 사람들은 뭔가에 진지하게 임해 명확한 평가가 내려지는 것을 두려워하는 경우가 많다. 그 때문에 "이건 내가 진지하게 하고 있는 건 아니야"라고 스스로나 타인에게 변명할 수 있는 취미나 레저라면 '설령 실수해도 나하곤 무관하다'고 생각해서 오히려 능숙하게 해낼 수 있다. 하지만 막상 그것이 본업이 되는 순간, 심신이 긴장돼 도저히 손을 댈 수 없게 되는 것이다.

이런 정업 불안에 휩싸여 있는 사람들은 겉으로 보기에 아무리 뻔뻔하고 수월하게 보여도 진정한 의미에서 쾌적한 기분을 결코 만끽할 수 없다. 그 결과 본인 입장에서 아무리 유리한 상황이었다 해도 '최선을 다했다'고 생각될 정도의 만족감이나 성취감을 얻을 수 없는 것이다.

그런 의미에서 뻔뻔하고 수월하게 처신함으로써 힘든 일이나 진지하게 임해야 할 일을 요령껏 피해온 사람들이 이득을 보고 있다고 말할 수는 없지 않을까.

하지만 "그들도 결코 편치 않을 거야. 그들도 실은 괴롭겠지"라고 아무리 스스로를 설득해봐도, 요령을 피우는 후배들 몫까지 일을 떠맡아버리면 너무도 힘겨워질 것이다. 그 상태에서 자신이 완전히 소모돼 퇴각신경증이 아니라 우울증이나 스트레스성 위궤양 따위에 걸리게 된다면 "그들도 실은 괴롭겠지"라는 말로는 도저히 납득할 수 없게 될 것이다.

자신의 마음이나 몸 상태를 끊임없이 되돌아보며 '최선을 다해 임하는 상쾌함을 맛보다'와 '지나치게 일해서 회복이 어려울 정도로 소모되다'의 경계가 어디쯤인지 현명하게 판단해둘 필요가 있다. 자기도 모르는 사이에 피폐해져 어느 날 갑자기 다 타버린 재처럼 훅 하고 쓰러지는 사태는 피하고 싶기 때문이다. 만약 그 자리에서 쓰러져 몸져눕게 되더라도, 뻔뻔하고 수월하게 처신하는 사람들은 '나 때문에 선배가 이렇게 된 거야. 앞으로는 내가 더 노력해야지'라는 깨우침을 얻지도 않을 것이다. 오히려 "선배가 쓰러져버리면 나야말로 곤란하거든"이라고 말할지도 모르겠다. 수월함이나 이득만을 지향하며 살아가는 것도 쉬운 일은 아니지만, 스스로를 지켜내기 위해 어느 정도의 요령은 필요할 수도 있다. 그것만 있다면 젊은 사람들의 '요령껏 피하기'를 더 이상 감당할 수 없게 될 때도 "나는 다 틀렸어"라며 위축될 필요도 없고, "나만 손해

보고 있어"라고 분노할 필요도 없을 것이다.

폭력에 어떻게 대처하면 좋을까

앞서 언급한 바(25쪽)와 같이 2006년 아이들이 이지메를 견디지 못해 자살하는 사건이 잇따라 발생하는 등 이지메 문제가 다시금 심각성을 더해갔다. 이에 대해 어른들은 어떻게든 대책을 강구하고자 움직이기 시작했다. 같은 해 10월 아베 내각이 새롭게 설치한 교육재생회의에서는 '이지메 가해 어린이들을 출석 정지시키도록' 하라는 제안이 검토되는 등 이지메를 엄히 다스리겠다는 움직임도 가속화됐다.

하지만 단속할 수 있는 이지메의 종류는 물리적 폭력이나 누가 보더라도 분명한 언어폭력 등으로 국한된다. 단속이 강화되면 눈에 띄는 이지메는 당장 줄어들겠지만 수면 아래에서의 이지메가 더 심해질 우려도 있다. 예를 들어 누군가가 몇 사람의 친구들에게 휴대폰 문자를 보냈다고 치고, 그것을 받은 아이들이 결탁해서 일제히 답신을 보내지 않는 경우는 어떨까. 욕이나 협박 메일을 보내면

이지메라고 인정되기 쉽지만 '메일 답신을 하지 않는다'는 것은 "깜빡했다", "전달되지 않았다"고 해버리면 그만이다. 더 이상 책임 추궁이 어려워진다. 앞으로 아이들은 '눈에 보이지 않는 이지메'와 싸워야 할지도 모를 일이다.

하지만 성인들의 세계에서는 요즘 들어 '눈에 보이는 이지메'가 부쩍 눈에 띄게 됐다. 회사에서는 자신보다 조금이라도 약한 처지에 있는 사람을 철저히 괴롭히는 사내 이지메의 예가 보고되고 있다. 가정 내에서는 남편이든 아내든 주도권을 쥐고 있는 쪽이 폭언이나 폭력으로 상대방을 제압하려는 경우가 사라지지 않고 있다. 가게에서 주문을 좀 잘못 받았다고 점원에게 거친 욕을 퍼붓고 소리를 지르며 아무것이나 내던진다는 이야기도 자주 들린다. 젊은이들 패거리의 습격을 받아 노숙자가 사망했다는 사건도 최근 들어 다시 눈에 띄는 사건이다.

기업에서 소비자 불만 창구를 담당하다가 우울증에 걸렸다는 사람이 진료실에 찾아온 적도 있었다. 그 사람 말로는 최근 클레임 건수가 증가했을 뿐만 아니라 전화 말투나 메일 문구도 매우 공격적이 됐다는 것이다. "클레임을 걸 만한 상품을 판 기업 측의 일방적인 잘못일 수도 있겠지만, 개중에는 항의하다 말고 창구에서 대응하는 담당자에게 인신공격을 퍼붓는 사람도 있습니다. '이름이 뭐냐'면서, '도대체 몇 년이나 이 일을 해온 거냐'고 다그치면 덜컥 무서운 생각도 들거든요". 그녀는 겁에 질린 표정이었다.

물론 문제가 있는 상품에 대해 항의하는 소비자와 낯선 노숙자를 습격하는 젊은이들을 같은 레벨에 놓고 생각할 수는 없다. 하지만 비단 아이들 사이에서뿐만 아니라 일본 사회가 전체적으로 이런 방향으로 가고 있다는 사실은 확인해볼 수 있지 않을까. 타인에 대한 관용은 줄어들고 타자에 대한 공격적·폭력적 태도는 강화되는 경향이다.

이런 사회적 흐름에 대해서는 앞서 언급한 바 있지만, 범죄자를 엄하게 처벌하려는 경향과도 어딘가 관련성이 있을지 모른다. 예를 들어 소년 범죄나 성범죄에 대해서는 좀 더 무겁게 처벌해야 한다는 목소리가 해마다 커지고 있다. 실제로 법원에서 내려지는 판결도 계속 엄중해지고 있다고 한다. 여태까지의 판례를 바탕으로 양형을 추측하는 것이 점점 더 어려워지고 있다. 재임 중 사형 집행 명령서에 서명을 하지 않았던 고이즈미 내각의 법무대신을 비판하는 목소리가 커졌기 때문이기도 하다. 막스 베버가

국가를 '어떤 일정한 영역의 내부에서 (중략) 정당한 물리적 폭력 행사의 독점을 (실효적으로) 요구하는 인간 공동체'라고 정의했다는 것은 잘 알려져 있는데(와키 게이헤이脇圭平『직업으로서의 정치職業としての政治』이와나미문고岩波文庫), 사형을 국가가 독점적으로 행사하는 폭력의 하나의 형태로 간주한다면 국가의 폭력에 대해 국민들은 관용적이라고 해석할 수도 있다. 아니, 관용적이라기보다는 오히려 '국가의 폭력을 바라마지 않는다'고 표현하는 편이 더 정확할까.

현대 사회나 거기서 살고 있는 사람들은 왜 폭력적인 경향을 강화하고 있는 것일까. 그 배경에는 '먼저 타자를 공격하지 않으면 내가 당할지도 모른다'는 불안감, '다른 사람의 공격에서 살아남고 싶다'는 욕구가 깊이 내재해 있을지도 모른다. 혹은 '누군가가 지거나 그렇지 않으면 내가 지거나'라고 항상 긴장감을 강요받고 있으면, 아주 사소한 타인의 잘못이나 실수도 용납할 수 없게 되면서 자기도 모르게 목소리가 높아지거나 주먹을 휘둘러버리는 경우도 생각할 수 있다.

이처럼 '내가 당할지도 모른다'는 불안에 노심초사하며, 프라이드도 부끄러움도 버리고 살아남기 위해 '회사 내 이지메'로 상징되는 타자에 대한 공격을 멈추지 않는다면, 혹은 폭력으로 질주하는 사람이 계속 늘어난다면 앞으로 이 사회는 과연 어떻게 될까. 어딘가에서 누군가가 공격이나 폭력의 연쇄는 전혀 생산적이지 않다는 사실을 깨닫고 멈추게 하려고 하지 않는 한, '눈에는 눈, 이에는 이'라는 논리로 사회의 폭력적 경향은 더더욱 강화될 뿐이다.

그렇다면 해결의 실마리는 어디에 있을까. 폭력의 연쇄는 무의미하다는 사실을 문득 깨달았다 해도 그 순간 '내가 폭력의 대상이 되면 어쩌나' 하고 덜컥 겁이 날 것이다. 그 불안감을 과연 견뎌낼 수 있을까. 또한 만약 실제로 자신이 누군가의 공격을 받게 돼도 '여기선 참아야지' 하는 각오로 보복 수단을 강구하지 않고 참아내는 것이 정말로 폭력의 연쇄를 멈추게 할 수 있을까.

현재 우리들 대부분에게는 그 정도의 각오나 결의가 없다. '내가 먼저 폭력을 멈춰야지' 하고 생각하면서도 '하지만 만약 폭력을 당했을 때는 스스로 방어해야 해'라고 생각하는 사람이 더 다수이지 않을까. 그 때문에 호신술을 배우는 사람도 있을 것이고, 혹은 고성능 방범 호출 벨을 휴대하고 다니는 사람도 있을 것이다.

하지만 필요 이상으로 경계심을 강화해 지나치게 '폭력에 대비한 준비'를 하게 되면, 개인적으로도 사회 전체로도 긴장감이 고조돼 결과적으로 오히려 새로운 폭력을 낳아버리는 결과를 초래할 우려도 있다. 자신이나 사회의 안심을 얻기 위한 방책이 오히려 새로운 불안감을 생산한다는 아이러니한 결과를 초래한다. 많은 어려움이 있겠지만, 폭력의 연쇄를 끊어버리기 위해 폭력을 둘러싼 이런 메커니즘을 마음 어딘가에 새겨둘 필요가 있을 것이다.

가족인데도 마음이 통하지 않는다

태곳적부터 존재했다고 전해지는 가족 간 살인 사건이지만, 2006년부터 2007년까지만 예로 들어도 몇 가지나 되는 사건들이 떠오른다. 나라 지역 고등학생이 자택에 불을 질러 일가족 세 명(어머니, 남동생, 여동생)이 사망한 사건, 오사카의 대학생에 의한 모친 살해 사건, 도쿄에 살던 재수생에 의한 여동생 살해 사건 등은 이미 보도된 바 있다. 그리고 그때마다 '평소엔 사이 좋은 일가였다', '평소부터 갈등이 있었던 모양이다' 등 다양한 정보가 걷잡을 수 없이 오가곤 한다. 세간에서는 "도대체 어떤 말이 맞는 거야? 진짜 동기는 과연 무엇일까?"라며 혼돈에 빠진다.

나라 지역에서 발생한 방화 사건의 경우, 고등학생은 평소부터 의사인 아버지로부터 학업에 관한 중압감을 받고 있었다. 이 때문에 괴로워하다가 어느 날 시험 결과가 만족스럽지 못하자 "모든 것들을 지워버리고 제로에서 다시 출발하고 싶다"며 자택에 불을 질렀다고 한다. 도쿄에 살던 재수생 역시 아버지의 뒤를 이어 치과의사가 돼야 한다는 중압감이 있었는데, 그런 감정을 여동생이 자극하는 바람에 사건으로 이어졌다고 추정되고 있다. 입시에 관련된 중압감이 상당했을 거라는 점은 쉽게 짐작할 수 있다. 아울러 그 나이 또래의 청소년이라면 부모를 비롯한 가족들에게 반발하고 싶어지기 마련이다.

하지만 누구든 경험하는 그 '이해 가능한 젊은이의 심리'와 '가족 살해'라는 너무나 중대한 결과 사이에는 도저히 설명하기 힘든 간극이 있다. 방화 사건에서 다행히 목숨을 건진 소년의 아버지는 자식의 심정을 제대로 헤아리지 못한 채 공부를 강요해왔음을 인정하는 발언을 했지만, 아내나 어린 두 자녀를 잃은 결과의 중대함을 생각해보면 아무리 후회해도 소용이 없는 노릇일 것이다.

다른 사건들의 경우도 마찬가지다. 가족 사이에서 처참한 살인 사건이 일어난 후 남겨진 가족들은 "어째서 당사자의 괴로운 심정을 알아차리지 못했을까" 하고 후회하며 분명 스스로를 자책할 것이다. 그리고 그런 사건 보도를 접하면서 "나 자신은 가족 한 사람 한 사람의 마음을 얼마만큼이나 알고 있을까? 내 가족들은 충분히 서로 마음이 통하고 있는 걸까?"라고 되돌아보며 불안감을 느낀 사람들도 적지 않을 것이다.

하지만 곰곰 생각해보면 가족이라고 해서 저절로 서로 간에 마음이 통하는 것은 아니다. 또한 마음이 서로 통하지 않는다고 가족이 아니라는 법도 없다.

정신분석학의 시조 지그문트 프로이트Sigmund Freud는 아버지와 자식, 어머니와 자식이 서로 죽이는 그리스 비극에서 복잡한 인간관계의 심적 원형을 발견하고자 했다. 아울러 『구약성서』 도입부에 나오는 '창세기'에는 최초의 인류인 아담과 이브의 자식들이 자신의 형제를 죽이는 이야기가 나온다. '나보다 동생이 신에게 더욱 사랑받았다'고 생각해 질투에 눈이 먼 형 카인이 동생 아벨을 거짓으로 유인해 들판으로 데리고 나가 살해해버렸던 것이다. 여기서 흥미로운 점은 형이 정말로 미워해야 할 존재는 동생만 '편애한다'고 생각했던 신이었을 텐데, 그 분노의 창 끝은 아무런 죄도 없는 동생을 향했다는 사실이다.

나라의 고등학생의 경우 역시 마찬가지였다. 요컨대 그를 진정으로 괴롭혔던 것은 항상 공부를 강요한 아버지였을 것이다. 하지만 방화는 그 아버지가 직장 일로 집을 비웠던 밤을 노리고 감행돼 정작 희생이 된 것은 어머니와 어린 동생들이었다.

가족 사이에서는 이렇듯 종종 감정의 흐름이 복잡하게 뒤엉켜버린다. 사랑하는 대상이 원망이나 분노의 대상으로 바뀌거나, 오히려 상대방에게 폭발적인 감정을 터뜨려버리는 경우도 있다. "도대체 왜 그렇게 하는 거야?"라고 물어보면 정작 당사자도 그 이유를 잘 모른다. 이성적이고 객관적인 판단은 가족 사이에서는 거의 불가능할 정도다. 그런 의미에서 '가족들은 정말로 서로를 존중하고 그 마음속을 이해할 수 있다'는 생각 자체에 무리가 있다고도 할 수 있다.

이렇듯 집이라는 막힌 공간 안에서 감정이 점점 농밀해

지며 마침내 뒤틀린 방향을 향할 때 중대한 사태로 이어진다. 그렇다면 이런 사태를 방지하기 위해 어떻게 해야 할까. 가장 합리적인 방법은 숨 막히게 갑갑해지지 않도록 서로 적절한 거리를 유지하는 것이다. '가족이니까 항상 함께해야 한다'는 생각에서 조금 벗어나 '가족도 각자 서로 다른 인간이므로 좋아하는 것이나 하고 싶은 것이 서로 다른 것이 당연하다'고 생각하는 정도가 좋을지도 모른다.

한편 서로의 거리가 너무 멀어져 있어서 문제가 생기는 가족도 있다. 예를 들어 어린아이를 상시간 방치해둔 재 파친코를 하러 가거나 스키를 타러 나가버리는 부모에 대한 뉴스들도 보도되고 있는데, 이런 부모들은 지나치게 시원스러울 정도로 '나는 나, 아이는 아이'라고 선을 그었을 것이다. 어쩌면 서로 지나치게 밀착해서 감정이 왜곡돼버리는 것보다는 나을지도 모르겠다. 하지만 애초부터 관계가 희박한 경우의 가장 큰 폐해는 아이가 '난 필요 없는 존재일까?'라고 생각해 자신의 가치를 충분히 인정할 수 없게 될 수 있다는 점이다. 아이들 입장에서 인생의 매우 이른 시기에 한 번쯤은 '부모는 자신의 생명보다 나를 소중히 생각해주고 있네'라고 실감하는 것이 중요하다. 만약 요즘 부모들 가운데 자신의 아이에게 그런 생각을 하게 만들어줄 수 없는 사람이 늘고 있다면 그 역할을 누군가가 짊어질 시스템을 사회가 준비해야 할지도 모른다. 부모만이 아이들에게 자신감을 줄 수 있다는 증거도 실은 없기 때문이다.

조심해야 할 점은 숨 막히는 갑갑함 속에서 감정이 뒤틀리기 시작하는 가족 중에는, 그런 사실을 미처 눈치채지 못한 채 오히려 '우리 집은 식구들이 너무 안 뭉치는 게 문제'라고 생각해 더더욱 밀착하려고 드는 케이스가 적지 않다는 점이다. "안 뭉치기 때문이 아니라 너무 긴밀해서 그런 거예요"라고 말씀드려도 본인들은 좀처럼 믿으려고 하지 않는다.

'가족이라는 이유로 무조건 서로 마음이 통할 거라고 생각하는 것은 환상'이라고 한 번쯤은 선을 긋고, 그 바탕 위에서 '하지만 가족이 돼버렸으니 서로를 제대로 인정하고 될 수 있으면 쾌적하게 지내고 싶다'고 적절한 범위 내에서 유연하게 사고하는 자세가 중요하다. "좀 나갔다 올게", "이건 친구들과 상의해볼게"라며, 가정에서 부담 없이 바깥으로 나가는 것이 오히려 집안 분위기를 편안하게 만들 수 있는 것이다.

젊은이들 사이에서 최근 유행하는 랩의 가사에서 가족 애가 테마인 경우가 많아졌다. 물론 서로 사랑하는 가족은 행복의 상징 중 하나이지만, '가족은 사랑으로 이어져 있어야만 해'라고 강조되면 될수록 오히려 '제각각의 마음속에 있는 마이너스 감정이 바깥으로 나와버리는 것이 가족'일지도 모른다. 필요할 때는 서로 협력하되 '이래야 마땅하다'라는 형태에 너무 집착하지 말고, 가족으로 감당하지 못할 경우는 적극적으로 외부 사람의 힘도 빌릴 수 있어야 한다. 이런 느슨하고 유연한 자세, 개방적인 자세가 요즘 세상을 살아가는 가족들에게는 요구된다고 생각한다.

2. 낭비는 용서할 수 없다
- 일·경제 편

바쁘게 일하지 않으면 불안하다

언젠가 진료실에 30대 전반의 한 여성이 찾아왔다. 미리 써달라고 부탁한 문진표의 '상담하고 싶은 것'에는 '과식이 멈춰지지 않는다'라고 씌어 있었다. 가족 구성을 묻는 칸에는 '2인 가족-가족·본인', 직업을 묻는 칸에는 '회사원, 대학원생'이라고 적혀 있었다.

"학생이면서 회사원… 가정도 있으시네요"라고 묻자 "제약회사에서 일하면서 사회인 대상 대학원에 다니고 있어요. 주부 역할도 그럭저럭 해나가면서"라는 답변이 돌아왔다. 상세한 이야기를 듣기 전에 성급하게도 "바쁘시겠네요. 스트레스가 쌓여 과식 충동이 생기는 것도 당연하겠어요"라고 나도 모르게 말하자, 착실해 보이지만 외모 가꾸기에도 빈틈이 없어 보이는 그 여성은 고개를 들고 "아니요, 그렇지 않습니다"라고 단호히 대답했다.

그녀의 이야기는 다음과 같다. 일과 학업, 그리고 집안일로 피곤한 것은 분명하지만 그것이 스트레스라고는 생각하지 않는다. 그녀가 정작 신경을 쓰고 있는 것은 앞으로 몇 달 있으면 대학원 과정을 수료하게 되는데, 오히려 그 이후가 걱정이라는 것이다.

"대학원에서는 다양한 자극이 있었거든요. 자신이 성장하고 있다는 느낌도 들었습니다. 그게 없어지면 생활은 구멍이 뻥 뚫린 듯 공허해질 것 같아서 뭔가를 먹으며 기분 전환을 하지 않고는 견딜 수 없습니다."

직장 일만으로도 상당히 바쁠 테고, 인생의 동반자인 남편까지 있는데 왜 이렇게까지 스스로에게 채찍질을 하며 계속 전력 질주를 해야만 할까. 그런 맥락에서 질문하자 "바쁜 것을 좋아하는 것은 아니고 오키나와 같은 휴양지에서 느긋하게 지내는 것도 좋아합니다만, 일이나 가정만으로는 자신이 정체돼버리는 기분이 들어서"라는 답변이 돌아왔다. 이 질문은 다소 선을 넘은 깊숙한 질문일지도 모른다고 우려하면서도 "멈추면 안 되는 것입니까?"라고 다시 한번 물어보았다. 그녀는 고개를 갸웃거리며 "글쎄요, 일단 멈춰버리면 그대로 넘어져 영 일어나지 못할 것 같아서…"라고 중얼거렸다.

일이나 공부가 그저 생활의 양식을 얻는 수단이나 의무가 아니라 '자아실현이나 자아 성장, 진보를 위한 스텝'이라는 사고방식이 널리 퍼져 있다. 특히 남녀고용기회균등법 시행 이후 더더욱 사회에 진출하게 된 여성들 사이에서 이런 직업관이나 인생관이 여전히 지지를 받고 있다. 여성이 일하는 것은 여성에게도 일을 통해 자아를 실현할 수 있는 권리가 있는 것처럼 '권리'라는 측면이 강했다. 그것은 여성도 남성들처럼 직업을 얻기 위한, 알기 쉬운 대의명분이기도 했을 것이다. 그러나 착실한 그녀에게는 일을 하는 이상 보람을 얻거나 자아실현을 추구해야 한다는 강력한 메시지로 들렸을지도 모른다. "일을 합니다" 혹은 "대학원에 가서 공부합니다"라고 말했을 때, 본인은 "자아를 실현하며 성장하고 계속 진보할 것을 서약하겠습니다"라고 선언한 꼴이 됐다. 그렇게 굳건히 믿고 있는 여성도 있을 것이다.

한편 남성들은 그런 '선언' 따위는 하지 않아도 그다지 깊이 생각하지 않고 일을 찾을 수 있다. 학교를 졸업하고 취직하는 남성에게 "왜, 무엇을 위해 일하지요?"라고 물을 사람은 거의 없다. "일단 모두들 일하니까", "생활하기 위해"라는 식으로 일을 하는 의미에 대해서까지 깊이 생각하지 않고 취직하는 경우가 대부분이다. 이 때문에 남성들은 업무 도중 피로나 스트레스를 느꼈을 때 업무 추진 속도를 늦추거나, 일 이외의 취미나 봉사활동 등에서 보람을 찾는 등 일하는 방식을 바꾸기도 쉬울 것으로 예상된다.

이에 비해 일하는 것이 자기 자신의 가치나 의미와 긴밀히 연결돼 있는 여성들의 경우, 설령 그녀가 느끼는 피로감이 지나치게 바쁘기 때문일지라도 그것은 '내가 더 열심히 하지 않기 때문'이며, '여기서 일을 소홀히 하면 나 자신의 무능함을 증명하는 꼴이 된다'며 더더욱 업무 추진 속도를 높이려고 한다. 주위에서도 "여성이 남성과 대등하게 일을 하는 이상 애초부터 그 정도의 각오는 하고 있었겠지"라며 부담감을 주기도 한다. 혹은 그런 분위기가 없는데도 당사자인 여성 측에서 일방적으로 '여기서 멈춰버리면 안 된다'는 혼자만의 생각에 빠져 일에 몰두하기도 한다.

어느 쪽이든 그런 여성들이 조금이라도 업무 추진 속도를 늦출 수 있도록 해주는, 주위로부터도 용인되고 본인 스스로도 납득할 수 있는 이유는 아직까지는 출산과 육아 정도다. 일찍이 여배우 이즈미 마사코和泉雅子가 "나는 아이가 없으니 출산휴가를 얻었다는 기분으로 북극 탐험에 가겠다"고 선언하고 북극행을 실행에 옮겼다. 하지만 그 후 이를 따르는 사람들이 계속 나왔다는 이야기는 들어보지 못했다. 그리고 출산과 육아를 경험하지 않은 여성들은 "우리는 아무리 힘들어도 쉴 수가 없는데…"라며 속도를 늦추며 일하는 워킹맘들에게 적의의 시선을 보내는 경우도 있다. 물론 출산과 육아라는 중차대한 일을 수행해야 할 상황임에도 주위 분위기상 업무 속도를 늦출 수 없는 직장도 적지 않다.

일을 할 때는 '자아실현을 위해서'라는 대의명분에 얽매여 계속 달리고, 그 속도를 늦출 때는 '출산이나 육아'라는 대의명분 정도밖에는 꺼내들 수 없는 여성들에게 필요한 것은 아이가 있든 없든 좀 더 자유롭게 자신의 업무 속도를 조절할 수 있는 환경이다. 이를 위해서는 주위에서도 여성들이 편한 마음으로 일할 수 있도록 좀 더 관용적이어야 하며, 여성들도 '항상 성장하고 발전해야 한다', '결코 멈춰서면 안 된다'는 일종의 강박관념에서 벗어날 필요가 있다.

앞서 소개한 '대학원생, 회사원, 주부'라는 1인 3역의 여성은 대학원을 졸업하고 조금은 느긋한 속도로 되돌아갈 수 있었을까. 진료실을 나갈 때는 반쯤 농담처럼 "대학원이 끝나면 어학을 배우러 다니고, 내년쯤 휴직 상태로 유학 갈 수 있는 제도를 활용해 해외에서 공부를 해볼까 생각하고 있습니다"라고도 했다. 만약 그게 진심이었다면, 더더욱 자신을 몰아세우고 있을지도 모른다. 부디 그러지 않길 기도해본다.

열심히 일해도 먹고살 수가 없다

내 일터 근처에 있는 패스트푸드점은 밤 10시에 문을 닫는다. 폐점 후인 밤 10시 반쯤 그 앞을 지나다 보면, 항상 5~10명 정도 되는 젊은이들이 무리 지어 있다. 그들은 가게에서 그날 다 못 팔아 폐기 처분하는 햄버거를 기다리고 있는 것이다. 물론 가게로서는 그것을 가져가는 것을 허용하는 입장이 아니겠지만, 젊은이들은 이미 다 알고 있다는 태도로 옆 사람과 떠들며 기다리고 있다.

어떤 사람들이 모여 있을까 궁금해하며 찬찬히 그들의 얼굴을 뜯어본 적도 없다. 그저 아마도 노숙 생활을 하는 사람들이겠거니 생각하며 스쳐 지나가곤 했다. 그런데 어느 날 밤 문득 고개를 들었다가 깜짝 놀랐다. 거기에는 유행하는 디자인의 청바지나 유명 디자이너 브랜드풍의 트레이닝복을 입은 젊은이들도 몇 사람 섞여 있었다. 그 후 그곳을 지나칠 때마다 확인하고 있는데, 동일한 멤버인지 정확히 알 수 없으나 무리 중에는 반드시 '멋쟁이 젊은이'가 섞여 있다. 언젠가는 나와 동일한 브랜드의 백팩을 등에 지고 있는 청년을 발견하고 정말 놀랐다.

폐기 처분되는 '무료 햄버거'를 찾아 한밤중에 패스트푸드점 앞에 집합하는 젊은이들은 도대체 어떤 일상을 보내고 있을까. 아마도 그 옷차림이나 태도로 봤을 때 노숙인은 아닐 것이다. 웃는 얼굴로 이야기를 나누고 있는 모습은 일반적인 젊은이들과 하등 다르지 않다. 이 근처에 아파트를 빌려 아르바이트 생활이라도 하고 있는 걸까. 수입의 대부분은 집세, 옷값, 휴대폰 요금으로 사라져버리기 때문에 식비를 조금이라도 절약하려고 밤이면 밤마다 그곳에 모여 있는 건지도 모른다.

TV 뉴스 프로그램에서는 '호경기가 역사에 남을 정도로 장기간 지속되고 있다', '내년도 대학생 채용 건수는 버블 경기 이후 최다를 기록할 예정이다' 등등의 뉴스가 보도되고 있다. 학생들로부터 "취직할 곳이 정해졌다"는 소리를 듣는 일도 나름 증가했다. 하지만 나처럼 실제로 대학에서 취업지도에 임하고 있으면 "그건 도대체 어느 나라 이야기지?"라는 것도 역시 실감에 가깝다. 심지어 아이러니하게도 구직 활동에 뒤처지거나 취업에 연전연패하는 학생들이 마지막으로 가까스로 들어가는 곳은 가장 화려한 인상을 풍기는 IT 관련 기업이다.

인력이 부족한 IT 관련 기업은 일할 직원을 상시 모집하는데, 물론 정규 고용이 아니라 촉탁사원이나 아르바이트 형태다. 심지어 이런 종류의 모집은 대체로 중노동·저임금이다. 회사 자체는 롯폰기힐즈로 대표되는 일등지에 위치하지만 개중에는 '시급 6,000엔, 야근수당과 교통비 없음, 매일 밤 막차로 귀가' 등 그야말로 고바야시 다키지小林多喜二의 프롤레타리아 소설 『게공선蟹工船』에 나올 법한 세계가 펼쳐지는 곳도 있다. 그 정도의 격무를 소화해도 월수입은 12만~13만 엔 정도. 그 돈으로는 저금이나 결혼은 고사하고 혼자서 생활하기에도 빠듯하다. 실제로 이런 회사 가운데에는 모집 조건에 '본가 거주자 한정'이라고 적혀 있는 경우도 있다. 이것은 신분을 확인하기 위함이 아니라, 1인 가구로 사는 사람이 생활할 수 있을 만큼의 보수조차 도저히 지급할 수 없기 때문일 것이다. IT 기업에 국한되지 않고 "온 힘을 다해 일해도 생활하기 벅차다"고 말하는 그들은 이른바 '워킹푸어'라 불리는데, 이런 계층이 대학을 졸업한 보통 젊은이 사이에도 퍼지고 있다. 한밤중 패스트푸드 가게 앞에 모여드는 젊은이들도 그 일원일지 모른다.

특히 도회지의 워킹푸어층 가운데는 본인들조차 그 사실을 인지하지 못하는 사람들이 있다. "직장이 롯폰기힐즈에 있다"라고 하면 아무도 그 사람이 생활고에 빠져 있으리라고는 생각지 않을 것이다. 그들도 매일같이 도심에서 화려한 거리 풍경이나 사람들을 보면서 최신 휴대전화나 휴대용 음악 플레이어를 사용하고 있기 때문에, 본인도 부유층의 일부일지 모른다고 착각하게 된다. 신용카드나 온라인 쇼핑으로 자기도 모르게 값비싼 물건을 사버리기도 할 것이다. 그 때문에 생활비로 쓸 수 있는 돈은 극히 제한적이 된다. 그래서 역에 있는 쓰레기통에 손을 집어넣어 잡지를 꺼내 들거나 편의점에서 폐기 처분된 빵을 가방에 집어넣게 되는 것이다. 이 정도가 되면 본인은 '나도 도회지의 특권층에 가까울지 모른다'고 생각하고 있더라도, 그 실태는 노숙인이나 비행 청소년에 한없이 가까워지게 된다.

하지만 이런 그들에게도 어느 날 갑자기 휴대전화료나 집세를 낼 수 없는 사태가 엄습할지 모른다. 그들은 그때가 돼서야 비로소 자신이 부유층이나 특권층은커녕 워킹 푸어였다는 현실을 깨닫게 되는 것이다. '본인 스스로에 대한 이미지는 특권층, 기실은 하류 인생'이라는 현실에 직면한 그들은 얼마나 큰 충격을 받을까.

어떤 이는 그 시점에서 젊은이들이 '나는 착취당하고 있었다'는 사실을 문득 깨닫고 단결해서 함께 일어설지도 모른다고 말한다. 혹은 "아니, 젊은이에게는 그럴 만한 사회성이 없어. 그들은 기껏해야 본인이 놓인 상황에 분노하고 그것을 범죄라는 형식으로 분출할 뿐이야"라고 비관적인 시각을 보여주는 사람도 있다.

현 상태로 봤을 때 젊은이들은 단결하려고 하지 않는다. 그들은 자신의 현실을 순순히 받아들이고 그저 웃음을 지으며 패스트푸드점 앞에서 '무료 햄버거'를 기다린다. 이런 고분고분함이 현대의 워킹푸어들을 상징하고 있다고 말할 수 있지 않을까.

사회학자 하시모토 겐지橋本健二 씨의 『계급사회階級社

会』(고단샤講談社, 2006년)에는 자사가 따낸 일용직 일자리에서 일하는 조건으로 1박 1,580엔에 숙박시설을 제공하는 회사가 소개되고 있다. '건설노동 등을 중심으로 하는 일용직 노동자'라는 종래의 이미지와 달리 이 회사의 노동·숙박 시스템을 이용하고 있는 대부분의 사람들은 20대나 30대의 젊은이들이라고 한다. 하시모토 씨는 바야흐로 "일용직 노동자층과 프리터(freeter. 자유와 아르바이터를 합성한 용어. 일본에서 능력이 됨에도 직업을 갖지 않고 아르바이트나 파트타임으로 생활하는 사람들을 이르는 말-역자 주)는 어느 정도까지 일체화되는 중"이라고 말한다.

이처럼 요즘 젊은이들에게 인기라는 이 회사의 홈페이지에는 사장과 다케나카 헤이조竹中平蔵 전 장관(고이즈미 준이치로 정권에서 금융·경제재정담당상, 총무상 등을 역임하며 구조개혁을 주도했다-역자 주)이 악수하는 사진이 게재돼 있다고 한다. 하시모토 씨는 말한다.

"이 사진은 다케나카가 추진해온 구조개혁과 격차 확대가 살 집도 없는 프리터와 무직자층을 증가시켜 이 회사의 비즈니스 찬스를 확대하는 구조를 상징하고 있는 것처럼 생각된다."

심지어 이용자들은 홈페이지에서 이 사진을 발견해도, 혹은 "이 사람이 추진한 구조개혁이 당신 같은 워킹푸어를 양산했을 가능성이 있다"고 설명해줘도 결코 분노를 느끼지 않을 것이다. 또한 "이런 사진을 게재하고 있는 무신경한 회사는 이용하고 싶지 않다"고 생각하지도 않을 것이다. 개중에는 "전 장관에게도 인정받는 회사이니 안심이다"라고 생각하는 사람마저 있을지 모른다.

'본인 스스로에 대한 이미지는 특권층, 기실은 하류 인생'인 워킹푸어 젊은이들의 증가는 그들의 자기 책임과는 조금 다른 사회적 문제라고 할 수 있다. 어쩌면 그렇게 유순할 필요조차 없는 그들이 어째서 온순하게 무료 햄버거를 얻으려고 줄을 서서 기다리거나 악조건 아래서 중노동을 감수하고 있는 걸까. 그들로 하여금 '유순한 것'을 멈추도록 하기 위해 필요한 것은 무엇일까. 적어도 이미지만이라도 특권층이고 싶다고 바라 마지않는 그들에게 "당신은 특권층이 아니라 그저 가난한 사람이다"라며 현실을 들이미는 것은 잔혹한 일일 뿐일까.

효율이 전부일까

최근 택시 앞자리 등받이 뒷부분에 케이스가 설치돼 기업이나 여성 에스테틱 따위를 소개하는 팸플릿이 그 안에 들어 있는 것을 본 사람이 있을 것이다. 이런 광고 스타일을 '택시 애드 케이스'라 부른다고 한다. 어느 날 택시를 탔더니 표지에 '좋은 인재가 없어서 곤란하신 사장님께'라는 카피가 적힌 기술 계열 인재 파견회사의 팸플릿이 보이기에 아무 생각 없이 집어 들어 읽어보고 깜짝 놀랐다. 정확한 문구까지는 기억이 나지 않지만 거기에는 이런 내용의 글이 적혀 있었다. "저희 회사의 시스템을 이용하면 바르고 우수한 인재를 구할 때까지 몇 번이라도 교환할 수 있습니다". 가전제품이나 입는 옷조차 한번 사면 교환이 불가능하다고 명기돼 있는 것이 보통인데, 인재는 얼마든지 '교환이 가능하다'는 것이었다.

나중에 좀 더 자세히 조사해보았다. 해당 파견회사는 최근 좋은 실적을 올리고 있었다. 그걸 보면 그 인재 파견회사에 등록한 사람들이 많은 모양이다. 결과적으로 자신들이 원하는 인재를 구하게 된 IT 관련 기업 경영자들도 만족하고 있을지 모른다.

만약 이 회사 시스템이 일을 하고 싶어 하는 사람들에게나 고용주들에게 설령 메리트가 있다 해도, 인간을 이렇게 '물건 이하'처럼 다루고 당당하게 '몇 번이라도 교환 가능'이라고 표현해도 될까. 그리고 "당신은 기술은 어느 정도 봐줄 만하지만 인간적으로 배배 꼬여 있으니 도저히 안 되겠네!"라는 말을 들으며 간단히 교환당해버리는 사람들은 과연 어떤 심정이 들까. 하지만 그런 것들을 생각하고 상상해보는 것은 '효율이나 생산성이 전부'라고 생각하는 경영자들 입장에서는 시간 낭비에 불과할지도 모른다.

애당초 낭비란 무엇일까. 그리고 모든 낭비가 그렇게 나쁜 것일까. 예를 들어 2006년 홋카이도 유바리夕張시는 심각한 재정난으로 파산 상태에 직면하자 재정 재건단체로 지정됐다. 이에 따라 유바리시의 시립종합병원은 2007년 4월 이후 인공투석을 중지하기로 결정했다. 중지하겠다는 발표를 한 그 시점에 인공투석을 받고 있던 환자는 33명이었다. 이 사람들은 이후 다른 지역에 있는 병원으로 일주일에 몇 번씩이나 통원할 수밖에 없게 됐는데, 통원 교통편 지원이나 교통비 보조도 없었다. 병원들이 밀집해 있는 큰 도시와는 달리 가장 가까운 시설조차 그곳에 가려면 차로 1시간 가까이 걸린다. 눈이 내리는 겨울철에는 종종 도로가 통제되는 경우도 있다고 한다. 투석 치료 중지는 시립병원 민영화에 따른 '병원 운영의 합리화'의 일환으로 이뤄졌지만, 남성 환자 중 한 사람은 설명회 자리에서 "투석을 받지 않으면 죽는다. 당신네들은 자기 힘으로 살아가고 있지만 우리들은 남의 도움으로 가까스로 살아가고 있다"며 분노를 노골적으로 드러냈다.

만약 투석 중지의 이유를 알기 쉬운 말로 표현해본다면 "33명 정도의 투석으로는 들어간 경비에 비해 수익성이 없으므로 낭비"라는 소리가 될 것이다. 하지만 여기서의 '낭비'란 '돈 낭비'라는 의미일 뿐이다. 남성 환자는 "돈 낭비를 줄이는 것이 실은 우리들의 목숨 낭비로 이어진다"고 말하려고 했던 것인데, 재정 재건을 담당하는 사람들은 그런 내용을 제대로 이해하지 못한 모양이다.

이처럼 시간 낭비와 돈 낭비를 줄이는 것이 다른 사람의 마음을 낭비하고, 나아가 그 목숨까지 낭비하는 것으로 이어지는 경우도 있을 텐데, 그런 점에 대한 배려는 거의 이뤄지지 않는다. 오히려 세상에서 가장 나쁜 것은 시간이나 돈 낭비가 발생해 효율이 떨어지거나 수익성이 떨어지는 것이며, 그것을 줄이기 위해서는 개개인이 희생되더라도 눈을 질끈 감아야 한다는 분위기마저 감돈다. 하지만 이런 사고방식에 따라 '낭비'라며 배제되는 것에는 마음이나 인격, 목숨 등 인간의 본질과도 밀접한 관련성을 가진 것들이 포함돼 있음을 잊어서는 안 될 것이다.

그러나 '시간이나 돈 낭비는 악'이라는 가치관에 의해 세상의 여러 가지 일들이 진행되고 있는데도 한편으로 잡지에서는 '슬로 라이프를 권장함', '환경도 생활도 소중히 하는 로하스적인 삶의 방식을 권장함' 등의 메시지가 넘쳐나고 '자신의 영혼과 천천히 만납시다'라고 촉구하는 명상이나 요가 교실이 인기를 끌고 있다. 효율주의로 치닫기만 하면 소중한 것을 잃을 수도 있다는 직감이 사람들 사이에 아직 남아 있는 것이다. 하지만 슬로 라이프를 테마로 하는 잡지 편집자의 이야기에 따르면, 바야흐로 요가나 자연식품 강사라도 세상과 완전히 동떨어진 사람이나 은둔 생활을 하는 사람은 인기가 없고, 어디까지나 합리적이고 돈에 관해서도 똑소리 나는 이야기를 할 수 있는 스타일이 인기라고 한다. "독자들 대부분은 인간다움을 포기하고 싶지는 않지만, 그렇다고 낭비를 해서 손해를 보는 것도 싫다는 생각이겠지요." 편집자는 그렇게 말했다. 어쩌면 독자 중에는 '시간과 돈 낭비를 줄여서 이익을 보고 싶다'는 마음이 오히려 강한데도 일주일에 한 번 정도 요가나 아로마테라피를 접함으로써 '내게도 마음의 여유가 있다'라고 짐짓 생각하려는 사람들도 적지 않을지 모른다.

하지만 '결과나 효율만을 추구하는 것은 과연…'이라는 의문이 조금이라도 든다면 자신만 슬로 라이프를 홀로 즐기며 "나는 괜찮아"라고 생각하지 말고, '낭비'라는 취급을 받으며 뜯겨나가려고 하고 있는 사람들의 현실을 직시해야 마땅하지 않을까.

2006년 4월에 개정된 진료 보수 규정에는 재활의료 수급 기한이 '원칙적으로 발병일로부터 최대 180일'로 제한됐다. 설령 의학적으로 필요하다고 해도 180일을 넘기면 보험 진료를 전혀 받을 수 없게 된 것이다. 하지만 이 조치에 대해서도 모든 사람이 '낭비니까 어쩔 수 없다'고 침묵할 수는 없어서 겨우 40일 정도의 서명 활동으로 모인 44만 명 이상의 보험 진료 중단 철폐 촉구 서명이 2006년 6월 30일 후생노동대신에게 건네졌다. 하지만 아직까지 후생노동성의 반응은 전혀 없다. '이미 결정돼버린 제도이기 때문에 애당초 이상하다고 해도 방법이 없다'라는 말일까. '낭비의 합리화만으로는 인간을 구제할 수 없다'는 무려 44만 명의 생각도 '결과나 효율이 전부'라고 생각하는 정부 측 입장에 의해 '낭비'라는 명목으로 배제된 것이다.

이렇게 하나하나 살펴봐도 명백한 것처럼 결과나 효율이란 측면에서는 설령 낭비일지도, 인간이 살아가기 위해 필요한 것은 확실히 있는 법이다. 애당초 낭비인지 아닌지를 결과나 효율만으로 판단하려던 것에 문제가 있다고 할 수 있다.

심지어 '모든 낭비를 없애자'라는 자세가 터무니없이 비인간적인 선택이나 결정을 초래하는 경우가 있다. 그렇게 되면 아무리 합리적이고 효율적인 사회가 형성됐다 해도 마음에 병이 있는 사람이 늘고, 범죄는 많아지며, 사람들이 바라고 있던 '낭비 없는 세계'는 결코 도래하지 않을 것이다. 낭비를 없애려다가 결국은 낭비가 넘쳐나게 돼버리는 해괴한 사태에 이르지 않기 위해, 다소 낭비라고 생각되는 것, 특히 자기 이외의 인간의 목숨이 달려 있는 경우에는 좀 더 관대한 마음으로 받아들여 주는 편이 좋지 않을까.

보람을 느낄 수 없다

프리터나 니트(NEET. 진학이나 취직을 하지 않으면서 직업훈련 도 받지 않는 사람을 가리키는 말로, Not currently engaged in Education, Employment or Training의 두문자어-역자 주)족 문제가 연일 신문 지면을 장식한 탓인지 취직 문제에 대해 여태까 지 이상으로 관심을 가진 젊은이들이 늘고 있는 듯하다. 동시에 경기가 회복됨에 따라 채용을 늘리겠다고 나서는 기업들도 많아 회사에 따라서는 인력 부족에 골머리를 앓 고 있는 곳도 나오고 있다고 한다.

2007년 봄 졸업 예정인 대학생 취직 내정률은 2006 년 12월 1일 시점에서 79.6%로 전년 같은 시기보다 2.2 포인트 상승했다. 고등학생도 같은 해 11월 말 시점에서 77.3%로 전년보다 4.5포인트 상승했다(문부과학성, 후생노동 성 발표). 분명 예년에 비해 내가 근무하고 있는 대학에서 도 취직에 대해 물어보면 "내정요? 나왔는데요?"라는 답변 이 많아졌다.

하지만 취업하는 학생들이 늘었다고 무조건 기뻐하는 것은 다소 성급하지 않을까. 왜냐하면 "내정이 나왔다"고 가르쳐준 학생들 중에 도무지 들떠 있는 표정이 아니거나

"일단 그렇긴 하지만⋯"이라는 식으로 말끝을 흐리는 학생들이 적지 않기 때문이다. 대학에서 심리학이나 미디어학을 공부하고 있는데 그것을 활용할 수 있는 일에 종사하게 된 학생들은 거의 없고, 대부분의 경우 자신의 전공과는 직접적인 연관성이 없는 영업이나 판매, 사무 등의 분야로 채용됐다. "실은 사람의 마음을 위로하는 일을 하고 싶었는데⋯ 근데, 이 회사에서 정사원으로 해주겠다고 해서요. 일단 옷을 팔아보겠습니다"라고 쿨한 말투로 이야기하는 학생들을 보고 있노라면, 학생들이 직무를 선택하지 않게 된 것이 취업률 상승의 원인이 아닐까 싶은 생각마저 든다.

이렇게 '일단은 그게 어디든' 일자리를 결정한 학생들의 그 이후의 길은 극단적으로 두 가지로 갈린다. 하나는 내키지 않았던 직종이라도 막상 취직을 해보니 의외로 재미도 있고 인간관계도 나쁘지 않아서 활기차게 근무할 수 있게 된 경우다. 다른 하나는 입사해보니 역시 업무 내용이나 회사에 매력을 느낄 수 없어서 몇 년 지나지 않아 퇴사해버리는 길이다. 후자의 경우는 그다음 직장도 확보해놓지 않고 그만둬버리는 사람들이 많아서 결국 그들은 프리터가 된다. 어느 쪽으로 가는 사람이 많은지는 정확히 알 수 없지만, 내 경우엔 이제 막 사회인이 된 졸업생들로부터 "그만두고 싶어 상담을 한번 받았으면 좋겠다"는 말을 제법 많이 듣는다.

그런 상담을 하겠다고 오는 졸업생들에게 "왜 그만두고 싶으세요? 그리도 괴로운가요? 월급이 너무 적어서 그런 가요?"라고 물어보면 대개는 "힘들다거나 임금이 낮은 것이 문제가 아니다"라고 답한다. 그들이 문제라고 느끼고 있는 것은 '업무 내용이 단순한 것', '자신의 의견이 받아들여지지 않는 것'이다. 요컨대 보람이 없는 것, 자아실현이 불가능한 것이 직장에 대한 불만으로 이어지고 있는 듯하다.

하지만 이제 갓 입사한 젊은이에게 느닷없이 중요한 업무를 맡기거나 그의 의견을 채택하는 쪽이 오히려 부자연스럽다는 것이 보통 사람들의 생각이다. 한 졸업생에게 "처음엔 누구든 그렇지 않을까요?"라고 묻자 "그럼 몇 년 정도 지나야 인정받을 수 있을까요?"라는 질문이 돌아왔다. "글쎄요, 잘은 모르겠지만, 5년이나 10년 정도 되면 자신의 의견도 제법 관철시킬 수 있게 되지 않을까요?"라고 다소 모호하게 답변하자 그는 어이가 없다는 표정을 지었다. "언젠가는 꽃이 필 거야"라는 소리를 들어도 앞이 보이지 않는 막막한 상태에서 언제까지일지도 모를 노력을 계속하는 것은 그의 입장에서는 견딜 수 없는 고통인 것이다.

"그럼 어떻게 하면 좀 더 최선을 다할 수 있습니까?"라고 다시금 묻자, "오늘의 노력으로 목표에 어느 정도 다가갔는지 가시적으로 알 수 있었으면 좋겠습니다만"이라고 답변했다. 아무래도 그의 머릿속에 있는 것은 인터넷에서 공개되고 있는 자신의 일기(블로그)의 방문자 수를 세는 것 같은 이미지인 모양이다. "지난주에는 방문 건수가 평균 500건이었는데 이번 주에는 조금 흥미로운 사진을 게재했더니 800건까지 올랐다"고 했다. '진보'나 '성장'이 눈에 보이는 것이야말로 보람이 있는 거라고 생각하는 듯하다.

그렇게 방문 건수가 가시적으로 상승했다고 치고, 그러고 나서는 어떻게 될까. "지난주에 비해 늘어났기 때문에 보람을 느낀다고 해도, 그다음 주는? 매주 계속 증가했다고 치고 도대체 어디까지 가면 만족할 수 있나요?"라고 물어보자 이번엔 그가 "글쎄요, 랭킹 베스트 10위 안에 들어

가면 기쁠지도 모르겠지만…"이라며 말끝을 흐린다.

인터넷 블로그처럼 많은 사람들이 주목해서 그 주목도가 방문 건수라는 숫자로 파악할 수 있고, 나아가 그것이 날이면 날마다 상승해가는 것, 그것이야말로 젊은 그들에게는 '보람'이나 '자아실현'을 실감할 수 있는 것일지도 모른다. 반대로 표현해보자면 인터넷 보급에 의해 '많은 사람들의 관심을 받는 것'이 가져다주는 쾌감을 젊은이들이 이미 맛봐버렸기 때문에 '그 외 다수'로 일하는 신입사원 시절을 한층 변변치 않고 무의미한 것으로 여기게 된 것인지도 모른다.

하지만 많은 사람들에게 주목받고 눈에 띄기만 하면 그것만으로 진정 본인은 '삶의 보람'을 느낄 수 있을까. 그것 역시 아닐 것이다. 정신과 진료실에도 "일에서 성공해서 불특정 다수의 사람들에게 주목받게 됐지만 어쩐지 허무하다"는 고민을 가진 사람들이 종종 찾아온다. 그런 사람들에게 "그렇다면 지금 시점에서 당신이 생각하는 의미 있는 삶이란 무엇입니까?"라고 물어보면 "나를 알아주는 사람이 아무도 없고 수입이 적어도 상관없으니 규칙적인 식사와 집안 정리정돈 등 차분한 생활을 제대로 누리는 것" 등등의 답변이 돌아온다. 이직 상담을 하러 온 젊은이들과는 정반대의 내용이다.

결국 보람, 자아실현이란 그 사람이 놓인 상황에 따라 크게 바뀌는 것에 불과하다. '이것이야말로 진정한 보람'이라는 궁극적 정답 따위는 없다는 말이 될 것이다. 이처럼 환상에 불과할지도 모를 보람이 어딘가에 실제로 존재한다고 믿어 의심치 않으며, 오로지 그것만을 추구하며 우왕좌왕하거나, 가까스로 손에 넣자마자 "이게 아니었어!"라고 허무함을 느끼는 것은 심적 평안이라는 측면에서 그다지 좋지 않다고 생각된다. 일단은 그게 어디든 취직을 하는 데 발을 내디디려고 하는 학생들에게는 그 결의나 용기를 평가하고 칭찬하면서도 "하지만 일해보고 '나다운 일이 아니야', '보람이 약간 부족하네'라고 성급하게 생각하면 안 된다네"라고 말해둔다. 물론 처우가 나쁘다거나 월급이 너무 적다거나 하는 구체적인 문제가 있다면 항의를 하고, 그래도 반영되지 않는다면 퇴사를 고려해보면 된다. 이쪽 방면의 일이 하고 싶다고 또 다른 무언가를 발견했을 때는 직장을 옮겨도 된다.

하지만 좀처럼 손에 넣을 수 없는 보람이라는 것 때문

에 모처럼 이토록 열심히 최선을 다하고 있는 현재의 스스로를 부정할 필요는 없다. 어쩌면 보람이든 자아실현이든 "잘 생각해봤더니 지금이 그럴지도 모른다"고 좀 더 천천히 깨닫게 되는 경우도 있다. "바로 이거야!"라는 강렬한 실감과 함께 찾아오는 종류의 감각이 아닐 수도 있다. 그 때문에 짜릿한 실감을 동반하는 보람이 없다고 해서 결코 초조해할 필요도 없다. 어쩌면 그것은 이미 진작 손에 넣고 있을지도 모른다는 가능성에 대해서도 다시 한번 생각해보길 바란다.

지방에 있어도 전망이 없다

"도시를 떠나 시골에 가서 살아야지. 이제 지방이 대세인 시대가 왔다."

이런 캐치프레이즈를 잡지나 신문 등에서 발견한 지 벌써 몇 년, 몇십 년이 됐을까. '지방 시대'라는 말이 제창되게 된 것은 1970년대 후반이다. 1979년 수도권 지방자치 연구회에서 당시의 나가스 가즈지長洲一二 가나가와神奈川현 지사가 "거대도시 문제, 환경·자원·에너지·식량 문제,

관리 사회와 인간 소외 등 현대 선진 공업사회에서 공통적인 문제는 지자체를 빼놓고는 해결이 불가능하다"며 '지방 시대' 창조를 제창해 널리 알려지게 됐다. 그리고 30년 가까운 세월이 흘렀다.

하지만 지방 시대는 오지 않았다. 오히려 도쿄나 오사카 등 대도시와 지방 간의 격차는 더더욱 커질 뿐이다. 대부분의 지방도시에서는 일찍이 번영했던 도심 상점가들이 쇠락해서 문을 닫는 가게들이 줄을 잇고 있으며, 간신히 교외의 대규모 상점가만이 활황을 보이고 있다. 강연 등의 업무로 지방에 가면 역까지 맞이하러 와준 담당자가 쓸쓸한 역전 상점가를 둘러보면서 "이 근처도 옛날에는 사람들이 엄청나게 많아서 걷기조차 힘들 지경이었거든요"라며 마치 변명 같은 말을 하는 경우가 적지 않다. 그런 지방도시에서 일할 의욕은 있지만 일거리가 없는 사람, 아울러 가게를 열었는데 찾아오는 손님이 적어 아주 기본적인 생활을 해나갈 수입조차 얻을 수 없는 이른바 워킹푸어가 증가하고 있다는 것도 큰 문제가 되고 있다.

그와 아울러 지방에서는 젊은 세대가 도시로 유출돼 급격히 인구수가 감소하고 있기 때문에 남은 사람들은 이성과 만날 기회 자체가 드물어 좀처럼 결혼하지 못한다는 문제도 심각하다. 각지에서 "멋진 자연이 가득한 ○○ 마을로 시집오지 않겠습니까!"라는 식으로 '단체 중매 이벤트'가 기획되고 있는데 별다른 효과가 없다는 이야기를 들은 적이 있다. 아울러 그런 지역의 농촌 가운데에는 대만이나 필리핀 등 아시아 여러 나라로부터 아내를 맞이하는 움직임이 굳어진 곳도 있는데 문화나 기후, 언어가 다른 나라로까지 시집와서 갑자기 '일손'이라는 역할을 졸지에 맡게 된 여성들 가운데는 스트레스 때문에 심신의 밸런스가 무너져 귀국해버리는 사람도 있다.

지방에 있으면 일자리가 없거나, 일이 있어도 수입이 적어 생활이 불가능하거나, 혹은 결혼 상대를 찾을 수 없다…. "자연이 너무 근사하고 음식도 맛있고 인정이 넘친다. 시골은 정말 좋군요"라고 말하는 것은 도시에 생활 거점이 있는 사람들뿐이다.

그래도 "이제부터는 정말로 '지방 시대'다!"라고 많은 사람들이 기대한 적도 있었다. 1990년대 중반, IT 산업이 등장했을 때였다. IT 산업은 컴퓨터나 인터넷만 있으면 어디서든 가능하다고 생각한 지자체들은 자신들의 마을에

'테크노 빌리지'나 '비즈니스 파크'를 설립해 싼 임대료 등 좋은 조건으로 IT 기업이나 벤처 기업을 유치했다. IT 산업을 담당하는 사람들 중에는 '도시의 번잡스러움은 딱 질색! 그보다는 자연 속에서 아웃도어 라이프를 만끽하고 싶다'는 가치관을 가진 사람도 분명 많을 거라는 의견도 있었다. 그런데 예상을 깨고 대부분의 '테크노 빌리지'는 공실률이 높아 결국 가동률을 달성하지 못한 채 악전고투하고 있다는 소식을 듣는다.

한편 '롯폰기힐즈'로 상징되는 도쿄 중심부에 있는 일부 거대빌딩 단지가 IT 사업자의 성지처럼 추앙되며 그곳에 입주하려는 기업들이 앞을 다투고 있다. '어디서든 가능할 것'이라던 IT 산업이 진흥하면 할수록 오로지 도쿄로의 집중 현상이 가속된다는 아이러니한 현상이 발생한 것이다.

이처럼 일자리와 인구 모두 대도시에 집중되는 가운데 앞서 언급한(63쪽) 홋카이도 유바리시처럼 재정 파탄이 명확해진 지자체도 출현했다. 금융기관으로부터 재정을 일시적으로 수혈받아 파산을 겨우 면한 유바리시의 부채는 약 300억 엔, 지방채권이나 제3섹터에 대한 부채를 더하면 600억 엔에 이른다고 한다. 벌써부터 의료나 교육 등

시민 서비스의 극단적인 저하, 증세 등 그 여파가 직접 시민들에게로 밀려오고 있다. "주민들도 자신들이 사는 시의 재정 상태를 제대로 감시할 의무가 있었을 것"이라는 목소리도 나오고 있는데 주민들, 특히 의료나 교육 등에서 가장 여파를 많이 받는 고령자나 어린이들에게 얼마나 그 책임이 있을까. 국가는 재빨리 "원인은 해당 시의 허용 범위를 넘은 지출, 수입의 대폭적인 삭감에 대한 대응을 지체한 것, 재무 처리 수법 문제 등에 있으며 국가에는 그 책임이 없다"고 스스로의 책임을 부정하면서 "(해당 시는) 채무 전액을 갚아야 한다"며 엄격한 견해를 보여주었다. 이렇게 되면 쇠퇴하는 지역에 사는 사람들이야 어찌 되든 모두 자기 책임이라는 말이 된다. 지방 시대란 모든 책임을 지방으로, 심지어 그곳에 살고 있는 사람에게 부담시킨다는 뜻인가?(그 후 국가는 2007년 1월 금융 지원을 결정했다.) "병원에 가도 의사 선생님이 안 계신다"며 어깨를 떨군 채 눈길을 걷는 유바리시의 고령자 한 분의 영상을 보고 "결국 지방은 끝장이네"라며 본인들까지 어깨가 축 처진 사람들도 적지 않을 것이다.

이처럼 인구나 경제 상황 등 눈에 보이는 숫자에 의해

자신감을 잃어가고 있는 지방 주민들은 바야흐로 자신의 개인적인 자부심이나 자존심까지 잃어버릴 지경에 와 있다. 너무나도 이치에 맞지 않는 폭력을 계속 당하고 있으면 신기하게도 사람들은 "내가 잘못해서 이렇게 된 거야"라고 스스로에게 잘못이 있다고 철석같이 믿기도 한다. 그와 마찬가지로 "잘못된 쪽은 지방에 살고 있는 우리들이지"라고 생각하고 분노나 항의를 위한 에너지마저 잃어버린 사람들도 나오지 않을까.

물론 지방에서 사는 것은 나쁜 일도, 잘못된 일도 아니다. 도쿄의 도심에서 태어났든 지나치게 규모가 작은 촌에서 태어났든 원칙적으로 일정 수준의 주민 서비스, 의료, 교육을 받을 권리가 있으며, 자신의 인생을 자신의 손으로 개척해갈 기회가 동일하게 부여되고 있을 것이다. 만약 지방에 살고 있다는 단지 그것 때문에 이런 모든 것을 얻을 수 없다면, 일단은 '국가나 행정의 존재 양식에 뭔가 문제가 있는 게 아닐까?' 의심해봐도 좋다. "지방에 태어난 내 운명이야"라며 이때만 운명론자가 될 필요는 전혀 없다.

이처럼 "내가 운이 나빴던 거야"라며 포기하는 사람이

있는 반면, 요즘 세상에는 "나쁜 건 내가 아니야"라고 자기를 정당화하는 사람도 늘고 있다. 그런 사람들은 "나쁜 건 내 탓"이라고 자책하기 쉬운 사람들에게 "나도 모든 것을 남의 책임으로 돌려버리는 성격이니까 당신도 그렇게 하세요"라고 말하지 않고 "이봐, 역시 당신이 나쁜 거야, 내가 나쁜 게 아니야"라고 더더욱 자기정당화를 하기 쉽다. 요컨대 지방에 사는 사람들이 "운이 나빴어", "내가 나빴어"라고 생각하면 할수록 중앙으로부터는 더더욱 지방은 '잘라 내버리기 쉬운 곳'으로 인식될 우려가 있다는 말이다.

물론 "이런 시골은 싫어! 역시 도쿄로 가고 싶어"라고 젊은이들이 꿈을 품고 도시로 이주하는 것을 목표로 삼는 것은 결코 나쁜 일이 아니다. 하지만 자기가 태어난 고장을 좋아하니까, 부모의 일을 이어받아야 하니까, 도회지에서 살아갈 자신이 없으니까 등등 여러 가지 이유로 지방에 살고 있는 사람들은 도시 생활자 이상으로 "나의 지금의 상황은 너무 이상하지 않나?"라고 더더욱 엄격한 시선으로 행정이나 국가를 감시해야 할 필요가 있다. "불평만 늘어놓는 것은 싫어한다"는 겸허한 사람도 자신들의 마을이나 지역을 위해 '무엇이든 트집을 잡고 싶어 하는 사람'이 돼보는 것도 하나의 선택지일지 모른다. 그리고 물론 도시에 살고 있는 것은 특별히 잘난 사람이거나 남보다 뛰어나기 때문이 아니라는 사실을 도시 생활자도 꼭 알아야 한다. 대도시 입장에서 자신들만이 '나 홀로 승리'를 계속하는 것은 인구의 과밀이나 과당경쟁을 초래할 뿐이며 아무런 메리트도 없다. 지방에 전망이 없다면 도시에도 전망은 없다. 그 점을 누구든 자각해야 한다.

3. 이게 행복일까
– 연애·결혼·육아 편

연애하고 싶지만 만남 자체가 없다

"여자 친구가 있었으면 좋겠는데 만남 자체가 없다…."
이런 소리를 자주 듣는다.

진료실에 찾아온 어떤 남성이 "최근 잠을 잘 이루지 못해 업무 때문에 쌓인 피로를 풀 수 없다"고 호소했다. 이야기를 찬찬히 듣고 있노라니 그의 수면장애의 가장 큰 원인은 업무 스트레스가 아니라 '23세라는 나이가 된 지금까지 단 한 번도 여자 친구다운 여자 친구를 사귄 적이 없다'는 것임을 알게 됐다. 한밤중에 업무에 지친 몸으로 이불 속으로 들어가 '이대로 쭉 여자 친구도, 아내도 생기지 않는게 아닐까'라고 생각하기 시작하면 가슴이 답답해지면서 호흡이 곤란해 잠을 이루지 못하게 된다는 것이다.

하지만 '여자 친구가 있었으면 좋겠다'라는 강한 마음만 있다면 이런저런 만남의 기회가 있을 법하다. 그렇게 관심을 그쪽으로 유도하자 엔지니어로 대기업에 근무하고 있다는 그는 이렇게 말했다.

"형제도 남자뿐이었고, 대학도 이과 계통에 진학했고, 지금 다니는 회사도 동료들은 온통 남자뿐입니다. 그런 환경에서 도대체 어떻게 여성을 만날 수 있을까요?"

정신과 의사의 영역을 뛰어넘은 문제라고 생각하면서도 나는 나도 모르게 "예를 들어 단체미팅이라든가 친구한테 소개를 받거나 할 수 있지 않을까요?"라고 말해버렸다. 그러자 이런 답변이 돌아왔다.

"그런 건 싫습니다. 단체미팅이란 건 결국 여성을 상품화하는 것이지 않습니까? 더군다나 그 짧은 시간에 하는 거니까, 결국 외모나 분위기로 상대방을 판단하게 됩니다. 그건 그 여성분에게도 엄청난 실례이지 않을까요? 어쨌든 자연스러운 형태로 만나고 싶습니다. 처음엔 친구에서부터 시작한다는 것이 제 이상입니다."

이처럼 '자연스러운 만남'을 원하는 사람은 여전히 많다. 인터넷이나 누리소통망(SNS)의 발달로 만남의 기회가 증가하고 있는 것처럼 보여도 실제로는 그렇지도 않은 것이다.

여성이나 남성이라는 성별을 의식하지 않고, 한 사람의 인간으로 만나게 된 상대방과 시간을 들여 연애감정을 키워가고 싶다는 생각을 가진 그는 어떤 의미에서 이상적인 연인 후보라고 말할 수 있을지 모른다. 하지만 그런 이상적인 연애를 추구하고자 하면 할수록 그가 실제 연애로부터 멀어지고 있는 것도 현실이라고 할 수 있다.

착실한 그를 연애로부터 멀어지게 하고 있는 것은 그런 다정함이나 순수함만이 아니다. 아마도 그는 여성을 처음부터 친구나 동료가 아니라 '연애 상대'라는 시각으로 봄으로써 여성들로부터 "당신도 다른 남자와 똑같았던 거야?"라고 매도당할까 봐 두려워하고 있다. 상대방이 자신에 대해 실망하거나 경멸하게 돼 상처를 받기보다는 아무 일도 일어나지 않는 편이 그나마 더 낫다. 그런 무자각적인 계산이 그의 마음속에서 이뤄지고 있다고 생각된다.

이런 사람에게 유일하게 연애의 가능성이 있다고 한다면, 어지간히 적극적인 여성이 나타나 그의 성실함을 간파하고 직접 접근해오는 경우뿐이다. 하지만 막상 그런 사람이 나타나면 이런 타입의 남성은 덜컥 겁이 나서 결국 완곡하게 거절해버릴 것이다. 상대방과 자신과의 심리적 거리가 너무 가깝다는 것만으로도 마음속의 빗장이 풀려버릴 것 같은 불안감에 빠지는 것이다.

분명 마음속의 빗장이 열려 타인이 자신의 울타리 안으로 침입해버린다는 체험은 사람에 따라 엄청난 공포일 수 있다. 예를 들어 '내 휴대전화를 누군가가 보고 있다', '집

에 돌아왔더니 누군가가 서랍을 열어본 흔적이 남아 있다'
라고 생각하는 것만으로도 도둑질당한 것이 없더라도 이
루 말할 수 없는 불안감을 느낄 것이다. 연애 역시 마음속
빗장이 풀려 상대방이 침입해오는 체험이다.

하지만 연애할 때의 두근거림이나 기쁨은 원래 그런 불안
감이나 공포심을 사라지게 하기 마련이다. 오히려 사랑하
고 있는 남녀는 '좀 더 접근하고 싶다', '서로에게 완전히 녹
아들어가 하나가 되고 싶다'는 생각마저 하게 되는 법이다.

아마도 '누군가와 만나고 싶지만 만날 기회가 없다'고
고민하는 사람은 자신의 경계를 침범당하지 않는 연애, 본
인이 지금과 같이 계속 있을 수 있는 연애를 바라고 있을
것이다. 하지만 연애에 대한 이상이나 환상 역시 다른 사
람 못지않게 크기 때문에 중매나 소개 등의 형식을 밟은
연애에 대해서는 심적 저항감이 있다. '자연스러운 만남'
이면서 동시에 '필요 이상으로 내 영역을 침범당하지 않는
연애'를 한다는 것은 애당초 무리한 이야기라는 사실을 그
는 아직 알아차리지 못하고 있다.

혹여 그런 것이 가능한 관계가 존재한다면, 그것은 어머
니 혹은 어머니 같은 여성에 의한 '포용적 사랑'이다. 어머

니와 같은 사랑은 그 사람의 존재 그 자체를 긍정하며 '당신은 그냥 그렇게 있으면 됩니다. 당신이 당신 자체로 있는 한 나는 당신의 모든 것을 사랑합니다'라고 무조건적으로 수용해주는 사랑이다. 기실은 실제로 발견할 수 있는 어머니의 사랑도 그 정도로 모든 것을 수용하지는 않는다. 그럼에도 세간에서 '어머니의 사랑은 무조건적이며 영원하다'고 그것을 요구하기 때문에 학대나 자식 살해가 일어나버리는 일도 있긴 하다.

'연애하고 싶지만 만날 기회가 없다', '이대로 영원히 연애를 못 하는 게 아닐까'를 고민하는 사람들에게는 "우선 상처를 입는 것을 두려워하지 말라"고 말해줄 필요가 있다. 연애를 하면 상대방은 당연히 자신의 마음에 성큼성큼 다가온다. 나 역시 그렇게 하지 않으면 안 된다. 연애를 하게 되면 귀찮은 일도 생길 것이며, 때로는 남에게 상처를 주거나 내가 상처를 받는 경우도 있을지 모른다. 하지만 그것은 회복 불가능한 상처는 아닐 것이다. 인간이 체험하는 '마음의 상처' 중에서는 비교적 치유하기 쉬운 상처라는 사실을 잊지 말길 바란다.

이성에 대해 욕망만을 가지고 접하는 것은 분명 '다정

함'과는 이질적이지만, 때로는 '아무것도 하지 않는다', '남도 나에게 아무것도 하지 않는다'라는 '다정함'이 오히려 자신이나 상대방에게 더 깊은 상처를 주는 경우도 있다. 어머니조차 진정한 의미에서는 영원하고 무조건적인 사랑을 주지 않기 때문에 이성에게 그것을 기대하는 마음은 접는 편이 낫다. 좋아하면 안 될 상대를 좋아하게 되거나, 처음부터 상대방이 자신을 상대해주지 않거나, 욕망에 사로잡혀 이성을 잃거나, 도중까지는 완벽했는데 갑자기 엉망이 되거나 등등 연애에는 이치에 닿지 않는 일이 항상 따라다니게 마련이다. 하지만 연애의 불합리성은 사회에 존재하는 다른 불합리성에 비하면 훨씬 양질의 것이며, 우리가 얻는 바도 많다. 연애로 아무리 상처를 입어도 그것이 마음에 치명상으로 작용하는 경우는 거의 없다. 정치나 경제 등의 문제에 관한 이야기라면 대담한 의견을 피력하고, 때로는 약한 사람이나 다른 나라 사람들에게 상처를 주는 일도 어쩔 수 없다고 단언하는 사람이 막상 자신의 연애라는 국면에 이르면 "상처받고 싶지 않다"며 겁을 집어먹는 것은 실로 아이러니하다. 연애에서는 크게 상처를 입고 다른 사회적 장면에서는 상처를 주지도 상처를 받지도 않는 것, 그렇게는 안 되는 것일까.

결혼하지 못할지도 모른다

2006년 '결혼하지 못하는 남자'라는 TV 드라마가 화제
가 됐다. 주인공은 40세의 남성이다. 유능한 건축가로 업
무 면에서 높은 평가를 얻고 있으며 수입도 평균 이상이
다. 하지만 고집이 세고 다소 꼬인 성격 탓인지 여성들과
교제 관계를 유지하지 못한다. 스스로 "결혼은 불필요하
다"며 우아하게 일이나 취미 생활을 즐기고 있지만, 한 여
성과의 만남을 계기로 변화가 찾아온다…라는 현대판 동
화다.

드라마는 유머러스한 분위기로 전개됐다. 혼자 사는 주
인공은 일부러 강한 척하고 있지만 어딘가 쓸쓸해 보인
다. 행복을 위한 다른 조건들이 아무리 갖춰져 있어도 뭔
가가 결여된 사람으로 보였다. 시청자들은 주인공에게 감
정 이입을 하면 할수록 '그는 결혼을 해야 한다', '어떻게든
결혼할 수 있었으면 참 좋겠다'고 생각하게 됐을 것이다.
'그의 입장에서는 결혼하지 않는 인생이 오히려 더 행복한

게 아닐까'라고는 생각하기 어려운 전개였다.

이 드라마에서도 그렇지만, "독신들은 모름지기 결혼해야 마땅하다"라는 목소리가 커지고 있는 듯하다. 국립사회보장·인구문제연구소의 2005년 조사에서는 '평생을 독신으로 지내는 것은 바람직한 삶의 방식이 아니다'라고 생각하는 여성들이 지난번(2002년)보다 5.7포인트 증가했다고 한다(46.5%→52.2%). 심지어 그렇게 답변하고 있는 것은 독신 여성이 아니라 이미 결혼한 기혼 여성들이었다. 그녀들은 '나는 결혼한 인생을 선택했지만 다른 사람들은 자유롭게 결정하면 되지 않을까'라는 의견에서 '나도 결혼했고 다른 여성들도 결혼해야 마땅하다'라는 가치관으로 이동하고 있었다.

또한 '결혼 후 남편은 바깥에서 일을 하고, 아내는 가정을 지켜야만 한다'는 의견도 늘었다고 한다. 그러고 보니 TV에서 방영되는 와이드 쇼 등에서도 "아내가 가정을 지키고 손수 음식을 장만해 제 몸 관리를 해주기 때문에 마음껏 야구에만 전념할 수 있습니다"라고 말하는 프로야구 선수는 자주 등장하지만 "아내가 일에 최선을 다하고 있기 때문에 저도 자극을 받습니다"라든가 "혼자 살지만 자신의 몸 관리는 제가 직접 합니다"라고 말하는 사람은 그다지 찾아볼 수 없다.

그렇다면 '독신들은 결혼해야 마땅하다'고 생각하는 사람이 늘고 있는 것은 그만큼 결혼의 이점, 장점에 대해 재평가하는 사람들이 늘어난 결과라고 해석해도 될까. 곧이곧대로 그렇게 생각하는 것은 어려울 듯하다.

현재 남녀 모두 미혼율은 계속 상승하고 있는데 특히 젊은 층 남성의 미혼율이 높아지고 있다(25~29세에서 71.4%, 30~34세에서 47.1%, 총무성, 2005년 조사). 앞에 나온 조사를 실시한 국립사회보장·인구문제연구소는 남성의 경우 취업 상태에 따라 결혼에 대한 의욕이 얼마나 큰지 그 차이를 발견할 수 있다고 한다. 즉 해당 연구소의 조사 결과에 의하면 결혼해도 좋다고 생각하는 미혼 남성의 비율은 비정규직의 경우 정규직에 비해 상당히 낮은 것으로 나타났다(2005년까지는 정규직이 68.3%, 비정규직이 28.5%). 불안정한 고용이 증가하면서 '지금은 결혼할 상황이 아니다'라고 생각하는 사람들이 늘어나고 있는 것도 남성들의 미혼율을 상승시키고 있다.

하지만 '비정규직 남성들은 결혼할 상황이 아닐 것이다'

라는 것은 아마도 해당 남성들 당사자만의 생각이 아닐 것이다. 여성들 쪽에서도 '그런 남성과의 결혼은 있을 수 없다'고 생각하기 때문에 남성들의 미혼율이 상승하고 있는 게 아닐까.

물론 "안정된 수입을 얻기 위해 결혼한다"고 당당하게 답변하는 여성들은 줄고 있다. 하지만 간접적으로 그것을 뒷받침할 데이터는 존재한다. 메이지야스다明治安田생활복지연구소가 2006년에 실시한 앙케트 조사에 의하면, 20대부터 30대까지의 독신 남녀 가운데 "앞으로의 생활에 불안감을 느낀다"고 말하는 사람이 40%를 넘었다고 한다. 특히 30대 여성들의 경우엔 앞으로의 생활에 불안감을 가진 사람들이 60%를 넘었을 정도였으며, 30대 남성들도 50% 넘는 사람들이 불안감을 느끼고 있다. 한편 기혼자들의 경우 남녀 모두 장래에 대해 불안감을 느끼는 층은 40% 미만이었다.

또한 '독신자의 불안감'의 요인을 자세히 살펴보면 남성들은 '업무 관계', 여성들은 '연애·결혼'이 가장 많았다. 또한 "앞으로의 생활을 좌우하는 것은?"이라는 물음에는 여성의 50% 이상이 "결혼이나 출산, 육아"라고 응답했다. 요컨대 이 앙케트를 통해 '앞으로의 생활에 불안감을 느끼고 그것을 좌우하는 것이 결혼이라고 생각하는' 독신 여성의 모습을 찾아볼 수 있다. 자신의 생활을 안정시키는 것은 자신의 노력이나 실력에 의한 것이 아니라 어떤 남성과 어떤 결혼을 할 수 있는가에 달린 것이다. 그렇게 생각하는 여성들이 정말로 늘어나고 있다면 비정규직 남성들이 결혼 대상에서 누락되는 것도 당연할 것이다.

이처럼 '결혼하는 편이 좋다'고 생각하는 사람들이 증가하고 있는 배경에는 "결혼은 좋은 거니까"라며 결혼 생활이나 가정생활에서 정신적 만족감을 원하는 움직임이 커졌다기보다는 "혼자 살면 불안감이 크기 때문에 어떤 형식으로든 안정을 찾고 싶다"며 결혼을 통해 불안감을 해소하려는 사람들이 증가하고 있다는 실상이 있는 듯하다. 심지어 그 '안정'은 정신적인 것이라기보다는 수입의 안정, 지위의 안정 등 좀 더 현실적인 차원의 것이다.

이렇게 생각해보면 '결혼하는 편이 낫다'는 가치관의 부활을 있는 그대로 순수한 마음으로 환영할 수 없다는 사실을 깨닫게 된다. 즉 결혼을 원하는 사람들이 증가하게 된 것은 생활이나 장래에 불안감을 느끼는 사람들이 증가하고 있다는 사실을 반영하고 있을 뿐일지도 모르겠다는 말이다.

하지만 저출산을 우려하는 사람들 입장에서는 이유가 어찌 됐든 젊은이들의 내면에서 결혼을 희망하는 마음이 커지고 있다는 것은 환영할 만한 일일 것이다. 그 때문에 설령 결혼을 지향하는 마음 밑바닥에 불안감이 존재한다고 해도 "현재 결혼을 지향하는 배경에는 사회 불안이 있는 게 아닐까요?"라는 말을 결코 입 밖에 낼 수 없다. 그리고 "드디어 젊은이들도 가정의 소중함에 대해 이해하게 된 게 아닐까요?"라고 긍정적으로 분석한다. 그중에는 실은 자립도나 정신적 자유도가 높기 때문에 결혼을 선택하지 않아도 되는 사람까지 "왜 당신은 결혼을 못 하는 겁니까"라고 부정적인 시각으로 본다는 현상도 실제로 일어나고 있다.

진료실을 방문한 30대에서 40대 사이의 일하는 싱글 여성들 중에도 미혼이라는 사실에 대해 주위에서 동정하거나 의문스럽게 여겨 '열등감을 품어야 할까'라는 이른바 '열등감 강박증' 같은 감각에 짓눌리는 케이스가 적지 않다. 자신이 이것으로 만족한다고 생각할 수 있다면 그것으로 충분한 게 아니냐고 충고해주어도, "쓸쓸하지 않으며 불안감도 느끼지 않는 당신이 이상한 거라고 주위 사람들도 그렇게 말하고 있고, 나도 그런 생각이 든다"며 좀처럼 납득하지 않는다.

일찍이 모든 사람들이 결혼하는 것을 당연시하는 '개혼皆婚주의'의 시대가 있었고 그 후 "결혼을 하는 것도, 하지 않는 것도 나의 자유"라며 드디어 개인이 결혼을 선택하는 시대가 도래했다. 한때는 '결혼하지 않아도 혼자서 살아갈 수 있는 것'이 자립의 화려한 증거인 양 여겨지던 시절도 있었다. 그런데 최근 들어 '미혼자는 결혼을 하지 않는 게 아니라 결혼을 못 하는 것이다'라는 가치관이 다시금 꿈틀대기 시작했다. 하지만 그 배경에는 결혼으로 일단은 해소하지 않으면 안 되는, 혹은 해소된 듯한 기분이 들어야만 할 정도로 젊은이들의 불안감이 크다는 사실이 있다는 점은 그다지 문제시되지 않는다.

'결혼하지 못하는 남자'라는 드라마에 나오는 주인공 같은 남성이 "이런 사람이 늘면 저출산도 진행돼버리겠지만 일단은 즐거워 보이는 삶이로군"이라며 부러움을 사는 시대가 과연 다시 찾아올까.

아이가 없으면 불행할까

　최근 일본의 가장 큰 문제로 역시 저출산을 꼽을 수 있다. 그렇게 생각하는 사람이 적지 않을 것이다.

　왜 저출산 추세가 멈춰지지 않을까. 그것은 여성들이 출산을 안 하기 때문이다. 대부분의 경우 논의는 여기서 멈춰 있다. '출산하지 않는 여성'이 늘고 있기 때문에 아이들의 숫자가 감소하고 있는 것은 사실이지만, 바로 그 '출산하지 않는 여성'에게도 여러 가지 사정이 있다는 데까지는 좀처럼 논의가 나아가지 않는다.

　'출산하지 않는 여성' 중에는 적극적으로 '아이가 없는 인생'을 선택한 사람도 있을 것이다. 그중에는 "결혼도 하지 않겠다"고 하는 사람과 "결혼은 하지만 아이는 가지지 않겠다"고 하는 사람이 있다. 그녀들의 대부분은 '아이를 싫어한다', '육아 따위는 귀찮다'는 이유 때문에 그런 것이 아니라, 진지하게 자신의 인생과 마주해본 결과 '어머니가 되지 않을 것'이라는 결론에 도달하게 된 것이다.

　표면적으로 결혼이나 출산은 강제가 아니라 본인의 인생에서 선택해야 하는 것 중 하나로 간주되고 있다. 지금은 초등학교나 중학교에서도 '프리터가 되지 않기 위한 커

리어 교육'이 계속 진행되고 있는데 거기서 "난 어른이 되면 증권 애널리스트가 되고 싶다!"라고 밝힌 여자 어린이가 있다면, 교사는 "그런 일에 종사하면 결혼이나 출산이 미뤄지니까 그만두도록 해"라고 말하지 않을 것이다. 오히려 "꿈을 향해 더 열심히 하자"라고 격려해줄 것이다. 하지만 증권 애널리스트를 선택한다는 것은 결혼이나 출산을 일단은 우선시하지 않는다는 이야기다. 그럼에도 그 시점에서 어른은 "좋은 선택이네요" 하며 그것을 높이 평가한다. 그리고 막상 꿈을 이뤄 증권 애널리스트가 되면 이번엔 "결혼과 출산은? 일본의 저출산이 이렇게 심각한데?"라고 말한다. 착실한 여성들은 "얘기가 틀리잖아요!"라고 말하고 싶어질 것이다.

2003년 모리 요시로森喜朗 전 총리가 공개토론 자리에서 "말하기 어려운 이야기지만 저출산에 대해 토의하는 자리니까 한마디 하겠습니다. 아이를 많이 낳은 여성들에 대해, 장래에 고생하셨다며 국가가 보살펴준다는 것은 본래의 진정한 복지입니다"라는 말을 꺼낸 뒤 "그런데 아이를 한 명도 낳지 않은 여성들이, 자기 좋을 대로라고 표현하면 안 되겠지만, 그야말로 자유를 만끽하면서 즐길 만큼

즐겼다가 나이 먹어 세금으로 자기들을 보살피라고 하는 것은 정말 이상합니다"라고 말했다가 문제가 됐다. 그러나 결국 모리 전 총리가 정치가로서의 자신의 지위를 잃어버리는 데까지는 가지 않았다. 모리 전 총리의 발언에 의하면 착실한 여성은 아이를 기르고, 제멋대로인 여성은 아이 낳기를 게을리한다는 말이 되는데, 그 생각이 올바르지 않다는 것은 너무나 명백한 사실이다. 남성과 동등하게, 혹은 그 이상의 일을 해내느라 힘든 상황이어서 아이를 낳아야 할지 말아야 할지를 심각하게 고민하는 여자들이 적지 않다. 결코 국가를 위해 뭘 어떻게 해야 한다는 차원이 아닐 것이다.

또한 '출산하지 않는 여성' 중에는 '출산 이전에 연애나 결혼의 기회가 없었던 여성'도 상당수 포함돼 있을 것이다. "불임 치료 중인 여성은 최근 세간으로부터 동정을 받을 수 있지만 계속 싱글인 나는 자신이 불임인지 아닌지조차 알지 못한 채 '아이를 낳지 않는 여자'라며 차가운 시선을 받게 될 뿐입니다"라고 진료실에서 한숨을 쉬던 40대 싱글 여성이 있었다. "결혼할 수 있다면 결혼하고 싶었다. 출산할 수 있다면 출산하고 싶었다. 하지만 그럴 기회

가 내게는 찾아오지 않았다…"라는 말을 하고 싶은 여성
도 여전히 존재한다.

그리고 물론 출산하지 않는 여성 중에는 여러 가지 신체
적, 심리적, 경제적 사정으로 출산하지 못하는 여성들도
많다. 이유나 사정이 있어서 출산이 불가능하다는 것은
결코 기뻐할 만한 일은 아니지만, 어떤 의미에서 어쩔 수
없는 일이라고도 말할 수 있다. 여기서 '어쩔 수 없다'는
것은 출산에 국한된 것만이 아니라 인생에는 간절히 원해
도 이룰 수 없는 것, 내 생각대로 되지 않는 것도 종종 있
다는 말이다.

그런데 생식의료가 발달함에 따라 생물학적 사정으로
임신, 출산이 뜻대로 되지 않는 사람들에게 '어쩔 수 없는'
것의 범위가 상당히 좁아지고 있다. 좀처럼 임신하기 어
렵지만 현미수정顯微受精(현미경으로 관찰하면서 정자를 난자 세
포질에 직접 주입해 수정시키는 기술-역자 주) 같은 인공·체외수정
법을 사용하면 가능, 40대 후반의 고령 출산도 가능, 동결
난자를 사용하면 더더욱 고령이어도 가능, 자궁이 없으면
대리모 출산도 가능, 배우자의 난자나 정자에 문제가 있으
면 비배우자로부터 기증받은 생식세포를 사용하는 것도

가능…. 법적으로는 여전히 인정되지 않고 있는 것도 있지만 '가능' 항목은 점점 늘어나고 있는 추세다.

'가능' 항목의 증가로 아이를 얻을 수 있게 돼 기뻐하는 사람들이 늘어남과 동시에 "아이를 원했지만, 그래도 안 되는 건 어쩔 수 없지"라고 출산을 포기하는 사람도 늘었다. 여기서 "어쩔 수 없지"라고 단박에 포기하는 사람은 '하면 될 텐데 노력을 게을리한 사람', '생식의료에 드는 돈이 아까워서 도전하지 않은 사람'이 돼버린다. 설령 주위로부터 그런 말을 들어도 착실한 사람이라면 '불임을 극복하고 46세의 나이에 감동스러운 출산을 하다!'라는 다큐멘터리를 TV에서 목격할 때마다 오히려 "나도 할 수 있었을지 모르는데"라고 자책해버리는 경우도 있을 것이다.

또한 생식의료는 아직 모색 단계로서 윤리적으로나 의학적으로 그 정당성이나 완전성이 확립돼 있지 않은 측면도 있다. 불임 치료에 종사하는 산부인과 의사 친구는 이렇게 말했다. "우리 병원의 체외수정의 경우, 남편의 정자를 시험관에 넣어 아내에게 가지고 오라고 하지만 그 정자가 정말로 남편 것인지, 혹은 그 남편이 살아 있는지 아닌지 확인하는 것은 아니야. 생식의료는 어디까지나 본인

책임으로 행해지거든."

기본 원칙을 잊어서는 안 된다. 반복하지만 사람들이 국가적 저출산 방지를 위해 아이를 가지는 것은 아니다. 굳이 말하자면 '행복'을 위해 아이를 갖거나 가지지 않거나 한다. 그 행복이란 꼭 자신의 행복이라고도 말할 수 없다. 예를 들어 어려운 환경에 있는 아이들을 위해 비정부 기구(NGO) 등에서 활동하는 여성이 있다고 치자. 그 여성이 많은 아이들의 행복을 기원하며 활동을 하고, 그것을 위해 본인은 정작 아이를 가지지 않겠다는 선택을 했다면, 그 누구도 그녀를 비난할 권리 따위는 없다. 생식의료를 좀 더 철저히 활용하면 임신할 수 있을지 모르지만, '이 이상 더 하면 고통 쪽이 더 커질 것 같다'고 생각한 사람이 "여기서 그만두겠습니다"라고 당당히 말할 수도 있는 것이며, 그것 또한 그 누구로부터도 비난받을 일이 아니다.

아이를 갖는 것은 멋진 일이다. 그 사실에 이의를 제기할 사람은 없다. 하지만 아이를 가지지 않은 인생이 멋질 가능성 역시 결코 작지 않다. 저출산 대책 혹은 인구 감소 사회를 어떻게 운영해갈까 하는 문제와는 별개로 '아이를 가지지 않는 인생을 선택할 권리', '선택하지 않을 수 없었던 것을 인정받을 권리'도 사람들에게는 있다는 사실을 결코 잊어서는 안 될 것이다.

부모가 됐지만 자신이 없다

저출산 추세가 진행되면서 임신이 장려되는 한편으로 "부모가 되는 것이 두렵다", "아이가 태어났지만 어떻게 대해야 할지 모르겠다"고 호소하는 사람들도 늘고 있다.

자기 사녀를 학대하는 사건도 계속 일어나고 있는데, "그런 뉴스를 보기만 해도 나도 어느새 똑같은 짓을 저지르지 않을까 두려워진다"며 진료실에서 심경을 고백한 젊은 어머니도 있었다. "물론 아이는 귀엽습니다. 남편도 바쁜 와중에 짬을 내서 잘 도와주고 있다고 생각합니다. 하지만 제가 아이를 잘 기르고 있는지, 계속 이렇게 해도 되는지 도무지 잘 모르겠습니다. 엄청나게 혼란스럽습니다. 친정어머니와 이야기를 나눠봐도 '다들 그러면서 살아'라고 말씀하실 뿐이고요….."

그런 가운데 누계로 100만 부를 뛰어넘는 베스트셀러가 된 육아서적이 있다. 정신과 의사가 쓴 『육아 해피 어드바

이스子育てハッピーアドバイス』(아케하시 다이지明橋大二 이치만넨
도슛판—万年堂出版, 2005년)와 그 속편이다. 이 책에는 기존의
육아에서 종종 문제시돼왔던 '어리광', '안아주기'도 문제
가 없다고 적혀 있다. 10세까지 철저히 어리광을 다 받아
주고 충분히 칭찬해주면 아이는 '나는 소중한 존재다'라고
느껴 자존감을 높일 수 있다고 한다. 동시에 육아 문제로
고민하는 부모들에게 "당신의 육아 방식이면 됩니다"라고
안심시켜주는 책이기도 하다.

어떤 인터뷰에서 저자는 이렇게 말한다. "부모도 최선
을 다하고 있다. '이 아이는 이 아이면 된다'라고 너그럽고
편안한 마음으로 대할 수 있다면 말이다". 부모 중에는 이
런 메시지나 '어리광 가능'이라는 조언에 마음을 놓고 '나
도 실은 좀 더 어리광을 부려도 된다. 소중히 다뤄져도 된
다'며 자기 자신이 긍정적으로 받아들여진 기분이 되는 사
람도 있지 않을까 싶다.

최근 엄청난 붐을 이루고 있는 '영성 서적'이라 불리는,
'눈에 보이지 않는 영적 세계'나 '우주의 크나큰 뜻'을 설파
한 책에서도 거듭 반복되고 있는 것이 바로 '모든 것에는
의미가 있다. 그 때문에 인생에 실패나 오류 따위는 없다'

라는 메시지다. "부모가 아이를 고르는 것이 아니다. 아이가 이 부모 밑에서 태어나고 싶어서 태어난 것이다"라고 말하는 책도 있다.

본인 역시 어린아이를 키우고 있는 작가 요시모토 바나나よしもとばなな 씨는 자신의 소설 『이루카イルカ』(분게순주 文藝春秋, 2006년)의 주인공에게 임신과 출산이라는 프로세스를 이렇게 되짚어보게 한다. "그것은 운명이라기보다는, 아마도 내 안의 깊숙한 곳에서 간절히 원해서 가까이 불렀을 것이다. 아직 이 세상에 오지 않은 어떤 영혼과의 만남을." 자신이 부모가 됐다는 사실을 도무지 받아들일 수 없는 사람일지라도 '그것은 영혼과의 만남'이라는 강한 표현까지 쓰면 자기도 모르게 고개를 끄덕일 것이다.

그리고 임신이나 육아 때문에 고민하는 어른들은 이런 메시지나 조언을 접함으로써 "내 선택은 잘못된 것이 아니었다"라고 안심하면서 동시에 "내가 아니라 아이가 나를 골랐던 거네!"라며 무거운 짐의 일부를 내려놓은 듯한 해방감도 맛보게 될 것이다.

곰곰이 생각해보면 이전에는 아이를 갖고 부모가 되면 그 사람은 자신의 인생의 의미를 확인하고 "이걸로 된 거야"라고 자기 긍정감을 높일 수 있었다. 아이는 태어난 순간 부모 입장에서는 필연적인 존재가 되기 때문에 "낳길 잘한 걸까?"라는 것까지 거슬러 올라가 생각한다는 발상 자체가 없었을 것이다. 신경질환 등으로 '자신 스스로의 모습으로 있는 것'이 불안정한 환자분들이 출산이나 육아를 계기로 자신감을 되찾고 증상도 완전히 회복되는 케이스도 드물지 않았다.

그런데 요즘엔 아이를 가져도 여전히 "정말로 이걸로 된 걸까?"라고 출산 이전, 임신 이전으로 거슬러 올라가 다시 방황하는 사람들이 늘고 있다. 만약 '역시 다른 선택을 했으면 좋았을 것을'이라는 결론에 도달했다고 해도 눈앞에 있는 아이가 사라지는 것은 아니다. 그런 사실을 알고 있으면서도 스스로에게 그렇게 계속 반문하지 않고는 견딜 수 없는 것이다. "무슨 말을 한들 실제로 이미 아이들이 있는 거니까"라며 아이를 포함해 부모가 된 자기 자신을 받아들일 수가 없는 것이다.

현 상태를 긍정하고 받아들일 수 없는 사람이 늘어나면 늘어날수록 "당신은 충분히 최선을 다하고 있다고요", "당신이 아이를 가진 것도, 당신의 육아도 결코 잘못된 게 아니에요"라는 조언이 필요하다는 말이 될 것이다. 그렇지 않으면 자신이나 자신의 선택에 결코 자신감을 가질 수 없는 부모들은 한순간도 쉬지 않고 울고 떠드는 자신의 아이 앞에서 어떻게 행동해야 좋을지 알 수 없어 그야말로 그 자리에서 굳어버릴 것이기 때문이다. 언뜻 보기에 '힐링 계통'으로 보이는 '해피 육아'나 '영성 육아'의 가이드북은 실은 긴급 구조신호를 보내고 있는 부모들 입장에선 '마지막 구원'일지도 모른다.

하지만 그토록 자신의 인생에 깊은 관심을 가진 사람들인데도 어째서 베스트셀러나 영성 서적의 자그마한 메시지에는 즉각 "그래? 이걸로 된 거야?"라고 자기 긍정이 가능한 심경이 될까. "당신이 잘못한 것은 없어. 아주 잘하고 있어"라고 곁에 있는 가족들이나 친구들이 얼마나 칭찬을 안 해주었으면 그리 된 것일까. 아니면 실은 일상생활 안에서도 때때로 기회 있을 때마다 조금씩 칭찬을 받고 긍정적으로 받아들여지고 있는데도 이 사람들에게는 가까운 사람들이 해주는 그런 말들이 귀에 안 들어왔던 것일까. 만약 자신감을 가질 수 없는 부모 입장에서 가족들이나 친구보다도 미디어에서 활약하는 카리스마 카운슬러의 말이 더 신용할 수 있는 것으로 생각된다면, 문제는 오히려 그쪽에 있을 듯하다.

TV 방송에서 카운슬러가 "아이를 갖는 것은 멋진 기적입니다"라고 한 말은 전국 몇천만 명이나 되는 시청자를 향해 쏟아낸 말일 뿐이다. 그것보다는 바로 가까이에 있는 누군가의 미소나 사소한 한마디로 "내 인생은 100점까지는 아니겠지만 일단은 이 정도면 된 거야"라고 스스로 긍정할 수 있으면 되지 않을까. 그와 동시에 "새삼스럽게 무슨 말을 해도 이미 부모가 돼버렸으니 여기서부터 시작할 수밖에 없지 않을까" 하고 우선 자신의 현실을 긍정하는 데서부터 출발하는 것도 하나의 지혜일 것이다.

실패한 결혼일까

"마음이 맞지 않는 남편과 앞으로 몇 년이나 함께 살아야 한다는 것은 고통 그 자체일 뿐입니다."

진료실을 방문한 50대 이후의 여성분들 대부분이 이렇게 넋두리를 하시며 한숨을 내쉰다. 아내 되시는 분의 설명에 따르면 이런 평가를 받는 대부분의 남편분들은 '착실하고, 완고하며, 일에 지나치게 몰두하고, 과묵한' 타입이다. 취미도 거의 없어서 주말엔 경마나 골프를 하러 나가는 것이 고작이다. 극단적인 낭비도 하지 않는다. 바람을 피우는 것도 아니며 폭력을 쓰지도 않는다. 그래서 주변 사람들로부터는 "행복하시겠어요"라는 소리를 듣지만 몇십 년이나 함께해도 서로가 도대체 무슨 생각을 하고 있는지 도무지 알 수가 없다. 그나마 아이가 어릴 때는 자녀가 커가는 과정에 대해 서로 이야기를 나누기도 했지만, 아이가 다 성장한 마당에 이제 더 이상 공통의 화제도 없다.

"친구 중에는 남편분이 세상을 떠나 혼자가 된 사람도 나오기 시작했는데요, 그런 이들은 그런 일을 당했을 때는 막 슬퍼하지만, 금방 기운을 되찾고 여행이나 취미를 즐기더군요. 우리 집 남편은 앞으로 20년이고 30년이고 살 텐데요. 자유도 누려보지 못하고 저만 이렇게 계속 냉담한 관계 속에서 살겠구나 싶은 생각이 들면 절망적인 심정입니다."

아내에게 그런 소리를 듣는 남편도 안됐다는 생각이 든다. 하지만 남편과 함께 보내는 시간이 힘들다는 아내분들에게 "결혼하지 않은 편이 나았을 거라고 생각하세요?"

라고 물어보면 "하지 말았어야 했다"라는 답변은 의외로 적었고, 오히려 다음과 같은 답변이 되돌아오는 경우가 많았다.

"글쎄요, 지금의 남편과 결혼했기 때문에 아이들도 태어난 거니까요…. 아이가 없는 생활은 도저히 생각할 수 없습니다."

"저희 세대에서는 결혼하지 않는다는 선택지는 없었기 때문에 결혼하지 않은 상황을 상상할 수 없었습니다."

요컨대 그녀들은 '결혼이란 것 자체를 하지 않았던 편이 나았다'고까지는 생각하고 있지 않았다. 오히려 '어차피 할 거라면 좀 더 다른 결혼도 가능하지 않았을까'라고 생각하고 있는 모양이었다.

한 번도 결혼해본 적이 없는 사람들은 자주 "어떤 사람이라도 좋으니 함께 살 수 있는 상대가 있었으면 좋겠어요. 그게 행복이라고 생각해요"라고 말한다. 혹은 "내가 결혼할 수 없는 것은 세상에서 나를 택해준 사람이 아무도 없기 때문이다"라고도 말한다. 그런 사람들에게는 결혼해서 몇십 년이나 함께 살고 있는 부부는 그 내부에서 다소 문제가 있다고 해도 눈부신 행복에 휩싸인 존재로 보일지도 모른다.

하지만 불행하게도 일단 결혼해버리면, 싱글 시절 "어떤 사람이어도 상관없으니 누구든 나를 선택해주지 않으려나"라고 생각했던 것 따위는 까맣게 잊고, "이런 사람과 결혼하는 게 아니었어!"라면서 지금 현재 상황의 불우함에만 눈이 간다. 남편에게 이렇다 할 문제나 결점이 있는 것이 아닌데도 결혼 생활의 불만을 한없이 늘어놓는 사람들에게는 나도 모르게 "그렇지만 싱글이신 분들에게는 불만을 가질 상대도 없거든요?"라고 말하고 싶어진다. 어쨌든 그녀들이 비교 대상으로 삼고 있는 것은 어디까지나 '좀 더 행복한 결혼 생활을 하고 있는 사람들'이지 싱글인 사람이나 자신보다 더 힘든 결혼 생활을 하고 있는 사람들이 아니다.

인간에게는 이렇듯 신기한 성질이 있는 듯하다. 일단 어떤 상황에 놓이면 비교하는 대상이 동일한 상황 속의 인간-그것도 자신보다 행복해 보이는 사람-으로 한정돼, 자신이 그 이전에 놓였던 상황, 다른 상황 속에 있는 사람에 대해서는 완벽히 잊어버린다.

예를 들어 불임 치료를 받고 있는 사람들은 종종 이렇

게 말한다. "내가 얼마나 힘든지 남편도 시어머니도 이해해주지 않아. 왜 나만 이렇게 괴로워야 하는 건지 모르겠어." 그건 분명 괴로운 일이겠지만 싱글인 친구는 "내 경우엔 불임 치료를 받기 전에 남편이 될 사람도 없거든"이라고 말했다. 아이를 한 명 낳은 후 둘째 아이를 낳고 싶어서 치료를 받고 있는 사람은 "친척들이 모인 자리에서 '둘째는?'이라는 질문을 받는 것은 지옥"이라고 말하는데, 싱글인 친구나 아이를 원하는데도 자녀가 한 명도 없는 친구 입장이라면 "한 명이라도 아이가 있다면 얼마나 행복할까"라는 생각을 하게 될 것이다.

물론 다른 사람의 눈에는 아무리 행복해 보여도 정작 당사자인 본인이 괴롭다면 그것은 정말로 괴로운 것이다. 진료실에도 예를 들어 "부모가 자살한 현장을 목격해버렸다"고 말하는 사람 다음에 "남편과 매년 정월에는 해외에서 지내는데 올해는 국내 여행이라고 하네요"라고 말하는 사람이 찾아오는 경우가 있다. 똑같이 손수건을 꼭 쥐고 눈물을 흘려도 다른 사람의 눈으로 봤을 때 그 고통의 질이나 양은 전혀 다르다. 하지만 이 사람들은 양쪽 모두 그 나름대로 괴로워하며 '나는 불행하다'고 생각하고 있다. 후자의 사람에게 "당신보다 바로 전에 이런 사람이 왔거든요? 국내 여행이라 침울해진다는 건 사치스러운 고민입니다"라고 만약 말해도, 상대방이 그 순간 커다란 깨달음을 얻으며 "저는 행복한 사람이로군요. 이런 일로 침울해하는 것은 잘못된 일이었어요"라고 말하지는 않을 것이다. '나는 불행하다', '나는 괴롭다'고 일단 생각해버리면, 다른 사람의 불행이나 괴로움을 상상해도 자신의 그런 생각이 옅어지는 일은 없기 때문이다.

남편에게 특별한 문제가 있는 것도 아닌데 "실패한 결혼일지도 몰라"라고 말하는 사람들에게도 이와 비슷한 심리가 있는 게 아닐까. 요컨대 이 사람들 입장에서는 '결혼할 수 있었던 것', '결혼 생활이 그때까지 지속되고 있는 것', 나아가서는 '아이가 있는 것'은 애초부터 당연한 것이라는 전제가 있다. 그리고 오로지 '나보다 더 행복한 사람이 있다', '나는 불행하다'고 생각하고 있다. 하지만 그처럼 자신의 결혼 생활이 불행해진 원인이 무엇이었는지, 혹시 배우자를 대하는 자신의 방식에 문제는 없었는지 등등에 대해서는 완전히 잊어버리고 있다. 어떤 여성은 이렇게 말했다.

"우리 집 남편은 휴일에 집안일도 도와주지 않고 빈둥거리기만 해요. 저한테 감사하는 마음이 있다면 '항상 힘들겠네. 오늘만이라도 내가 할 테니 당신은 쉬고 있어도 돼' 정도는 말해줘도 좋을 텐데 말이에요."

그 여성은 남편에게 감사하거나 경애하는 마음을 갖고 있지 않은 것이 분명하다.

물론 문제가 있는 부부 관계를 둘 중 한 사람이 참고 또 참아가며 지속할 필요는 없다. 나중에 언급하겠지만(154쪽), 남편이 폭력을 행사한다면 그것이 자기 탓이라고 생각할 필요는 없다. 하지만 대부분의 경우 지금 현재의 자신의 상태는 자연스럽게 이렇게 된 것이 아니라 어떤 부분은 서로의 노력의 결과이며, 또 어떤 부분은 서로의 노력 부족의 결과라는 사실을 다시 한번 생각해보면 어떨까. 그리고 우선 "지금까지 결혼 생활을 지속해올 수 있었던 것만으로 나름 대단하지 않을까"라며 여태까지 걸어왔던 길을 긍정적으로 바라볼 줄 알아야 한다. '만약 계속 나 혼자 살았다면', '좀 더 힘든 상황에 빠졌다면' 하고 상상해보는 것이 '현재의 삶'을 좀 더 찬란한 것으로 만들어줄지도 모른다.

나아가 인간은 나이에 상관없이 성장할 수 있고, 타자와의 관계성도 발전시킬 수 있다. '이 사람과 계속 살아야 하나'라고 절망에 빠져 있을 동안 상대방에게 좀 더 적극적으로 이쪽에서 해줄 수 있는 것을 해주면 뭔가가 바뀔 가능성은 매우 크다고 할 수 있다. 결혼을 할 수 있었던 것, 결혼 생활이 지속되고 있는 것은 결코 자연적인 현상은 아니다. 그 점을 우선 재확인해볼 필요도 있을 것이다.

4. 늙고 싶지 않다, 계속 아름답고 싶다
- 신체·건강 편

자신의 얼굴, 몸을 바꾸고 싶다

사람들은 자신의 얼굴이나 몸을 가꾼다. 옛날에는 "부모한테 받은 몸에 손을 대면 안 된다"며 얼굴이나 몸을 필요 이상으로 뜯어고치는 것은 터부시됐다. 하지만 바야흐로 미용성형외과는 새내기 의사들에게 가장 인기 있는 분야다. 성형외과는 원칙적으로 건강보험이 적용되지 않는 자비 진료이기 때문에 시술에는 수만 엔부터 비싼 것으로는 수백만 엔의 돈이 든다. 수술 결과가 자신의 생각대로 되지 않을 리스크도 있다.

그런데도 사람들은 어째서 그렇게까지 자신의 얼굴이나 몸을 바꾸려고 할까. 대부분의 사람들은 "나 자신의 만족을 위해"라고 답하지 않을까.

미용성형외과에 고급 승용차 한 대를 살 수 있는 비용을 쏟아부었다고 공언하는 여성을 알고 있다. 상당한 연배의 그 여성은 다음과 같이 말했다.

"이 나이가 되면 누군가를 위해 예뻐지고 싶다는 따위의 생각은 안 해요. 성형수술을 해서 이익을 얻고 싶다고도 생각하지 않지요. 그저 거울을 봤을 때, 나 스스로 납득하고 싶은 거랍니다. 제 얼굴인걸요, 그 정도는 제 맘대로 해도 되겠지요?"

하지만 철학자 와시다 기요카즈鷲田淸一 씨가 다음과 같이 언급하고 있는 것을 보면 "자신을 위해"라는 말은 정말일까 하는 의구심이 솟구친다.

"내가 자신의 얼굴을 '가진다'는 것은 내가 서로 마주할 타자를 가지고 있어서 타자와 접촉한다는 기쁨과 함께 도망가는 것, 그 자리를 벗어나는 것이 허락되지 않는다는 고통이기도 하다."(『얼굴의 현상학顔の現象学』고단샤 학술문고講談社 学術文庫, 1998년)

이 세상 속에서 몸이나 얼굴을 가진다는 것은 타자의 내면에서 '계속 무언가로 있다'는 것으로부터 벗어날 수 없음을 뜻한다. 그 때문에 더더욱 인간은 항상 그런 타자로부터의 시선을 느끼고 오로지 그 안에서밖에는 자신의 얼굴이나 몸을 확인할 수 없다. 요컨대 '지금 쌍꺼풀이 생겨버리면 내 얼굴은 타인에게 어떻게 보일까', '앞으로 3kg쯤 다이어트를 하면 내 몸은 어떤 시선을 받게 될까' 따위의 의식을 버리지 않고 우리들이 자신의 얼굴이나 몸을 아는 것은 불가능하다.

이렇게 생각해보면 "제 얼굴이니 제 맘대로 해도 되겠지요?"라고 미용을 위한 성형수술을 반복하는 사람은 언뜻 보기에 '자기의 얼굴이나 몸의 주인으로서의 나'의 권리를 최대한 행사하고 있는 것 같지만, 실은 '타인의 시선'에 남들보다 훨씬 민감하고 그 안에서밖에는 살아갈 수 없는 사람일 거라는 생각도 든다.

타인의 시선에 대해 일단 한번 신경 쓰기 시작하면 눈 깜짝할 사이에 '애당초 자신이 추구하고 있던 얼굴이나 몸이 무엇이었는지'를 잊어버린다. 그리고 결국엔 타인의 눈마저 잊고 폭주가 시작되는 것이다.

『다이어트의 역사ダイエットの歴史』(신쇼칸新書館, 1998년)를 완성한 평론가 운노 히로시海野弘 씨는 이런 의문을 던지고 있다.

"우리들은 어째서 필요 이상으로 먹어버리거나 필요 이하밖에는 먹지 않거나 할까. 인간이라는 종족은 뭔가를 먹는다는 것조차 잘할 수 없는 걸까. 너무 먹어서 다이어트를 해야 한다. 그러다 보면 다이어트가 그 자체로 목적이 돼 멈출 수 없게 돼버린다. 이런 현상은 항상 있었던 것은 아니며, 1980년대 정도부터 갑자기 눈에 띄기 시작했다."

'살을 빼서 예뻐지자. 모두의 칭찬을 한몸에 받자'라고 결심하고 식욕을 조절해서 다이어트에 도전하는 것까지는 이해할 수 있다. 하지만 그 목적이 달성된 후에도 더욱 식욕을 억제해서 계속 마른 상태를 유지하는 사람이나 살을 빼고 싶다고 생각하면서도 엄청나게 폭식을 해버리는 사람이 있다. 자신의 의사와도, 타인의 평가와도 다른 차원에서 몸이 제멋대로 '먹는 것'을 지배하고 있는 것처럼 보이는 경우도 있다.

그렇다면 '자신을 위해서'라는 명분으로 다이어트나 성형수술을 했던 것이었는데, 실은 타인의 시선을 위해 그것을 지속하다가, 결국엔 자신을 위해서도 타인을 위해서도 아닌 상태로 폭주하게 된다는 말이다. 만약 폭주가 시작된다면 그 사람은 도대체 누구를 위해 그렇게 하고 있는 것일까.

성형수술과는 다르지만 '원조교제'를 하는 여학생들 역시 '내 몸은 내 것이니까 내 마음대로 사용해도 된다'고 생각한 사람들일 것이다. 여고생 시절에 자신이 직접 체험한 원조교제를 묘사한 『16세였다16歳だった』(나카야마 미사토中山美里, 겐토샤幻冬舎, 2005년)에는 이런 기술이 보인다.

"남자의 얼굴에서 눈길을 돌리고 천장과 벽이 만나는 부분을 계속 응시한다. 초점이 흔들리는 듯한 감각이 찾아오면 성공이다."

"의식마저 멀리로 날려버리면 내 마음속에서 기분 나쁘다거나 싫다는 감정은 완전히 사라진다. 시간만 지나갈 뿐이다. 문득 정신을 차리고 보면 행위는 끝났고, 나는 손에 돈을 꼭 쥐고 있다."

그렇게 해서 '의식마저 멀리로 날려버리기'만 하면 그다음엔 남자가 요구하는 대로 뭐든지 할 수 있다고 말한다. 모든 것이 '타인의 일'이라고 마음먹어버리면 그다음엔 자신의 몸에서 일어나고 있는 모든 것을 방관자처럼 바라보고 있으면 된다.

이처럼 자신의 얼굴이나 몸에 대해 "내 것이니 내 맘대로 바꾸거나 사용해도 무방하다"며 소유권을 너무 주장하면 언젠가부터 누구의 것도 아닌 것이 돼버리는 게 아닐까. 스스로가 스스로의 방관자가 돼버리면 심적으로는 편안해지더라도 폭주는 멈출 수 없게 된다. 그리고 문득 정신을 차렸을 때는 돌이킬 수 없는 곳까지 몸을 개조하거나 함부로 다뤄버리는 게 되지 않을까.

내 얼굴이나 몸을 좋아할 수 없다고 생각하고 있는 사람들은 '타인은 상관없다, 나 자신이 그렇게 느끼는 거다'라고 생각하고 있을지도 모르지만, 실은 그렇지 않다. 어느 사이엔가 자신은 '타인을 위해' 살아가고 있는 것이다. 그 점에 대해 다시 한번 생각해보고, 만약 얼굴이나 몸을 바꾼다면 '그래도 타인에게 잘 보이는 편이 좋으니까'라고 조금은 타산적이며 현실적인 목적의식을 갖는 편이 안전할지도 모른다.

건강을 위해 뭐라도 하지 않으면 불안하다

진료실에서 질문을 많이 받을 때가 있다. "지금 처방해주신 약과 건강보조제를 같이 먹어도 괜찮나요?", "파동으로 마음의 병을 고치는 선생님에게도 다니고 있습니다만 괜찮을까요?". 어지간한 경우가 아니라면 "무방합니다!"라고 말해주면서도 나도 모르게 덧붙이고야 만다. "하지만 그게 환자분에게 정말로 효과가 있을지는 보증할 수 없습니다."

그러면 질문하신 대부분의 환자분들의 얼굴빛이 흐려

진다. 그리고 말씀하신다. "하지만 이 건강보조제는 미심쩍은 게 아니라 제대로 된 자격을 갖추신 선생님께서 권해 주셨거든요." '제대로 된 자격'을 강조하는 걸 보면 애당초 미심쩍은 게 아닐까 하는 생각을 하면서도 "아니요, 그걸 부정할 생각은 없지만요"라고 당황해서 변명하는 경우도 있다.

고령화 사회인 탓도 있으려나. '건강에 좋다', '몸에 잘 듣는다'라는 지나친 광고 문구가 난무하는 식품이나 건강보조제, 건강 비법이나 건강 관련 상품 등을 생활 속에 도입하는 사람들은 늘어나고 있고, 그에 따라 건강 비즈니스도 확대되고 있다. 건강보조제만도 그 시장 규모가 5000억 엔이 넘는다고 하는데 '앞으로 계속 성장해서 2조 엔에 달할 것'이라는 시각도 있을 정도다.

하지만 한편으로 아무리 생각해도 제대로 된 경우라고는 말할 수 없는 것도 적지 않다. 예를 들어 아무리 의학박사가 개발했다고 해도 순간적으로 뇌의 밸런스를 조절하고 에너지를 증강하는 음악 CD나 우주 에너지를 활용한 물 활성기 등의 효과가 과학적으로 입증될 수 있는 성질의 것이라고는 생각되지 않는다.

물리학자 기쿠치 마코토菊池誠 씨는 마이너스 이온 등 이미 그 효능이 증명된 양 다뤄지고 있는 것을 포함해 언뜻 보면 과학 같지만 실은 과학이 아니라고 생각되는 사고방식이나 상품을 '가짜 과학'이라 부르며 준엄하게 비판한다. 기쿠치 씨는 이런 것들에 몰려드는 사람은 어디까지나 그것을 과학으로 받아들이고 있다고 주장한다. 과학 그 자체에 대한 신뢰성은 올라가고 있는데 그중에서 가짜 과학은 결론이 확실한 만큼 과학 이상으로 과학적으로 보이기 때문에 '이것이야말로 과학의 결정체!'라고 받아들여진다는 것이다. 분명 첫 부분에서도 언급한 것처럼 이용하고 있는 사람들은 이것이 의학박사, 대학교수 등이 인정한 것이라고 설명한다. 믿으려 하지 않는 나는 과학적이지 않고 과학을 모르는 거라는 태도를 취한다.

하지만 정말로 사람들이 실은 과학적 실증성이 확실하지 않은 상품이나 정보를 '과학적이라서'라는 이유로 믿고 있을까. 개중에는 그렇지 않은 사람도 있을 것 같다. 왜냐하면 그들은 대학교수가 개발했다고 해서 더 이상 그 과학적 근거를 추궁하려고 하지 않기 때문이다. 대학교수라는 글자를 본 순간, 일종의 사고 정지 상태에 빠져 그다음에는 기쿠치 마코토 씨 같은 진정한 과학자가 아무리 그것의 불확실성을 증명해 보여도 도무지 그것을 받아들이려고 하지 않는다.

거기에는 '생각하고 싶지 않다'와 동시에 '믿고 싶다'는 마음도 작용하고 있다. 모처럼 '이것이라면 효과가 있을 것 같다'고 생각해서 애써 골라 샀기에 마지막까지 '좋은 것을 잘 샀다'고 생각하고 싶다. '망했다', '속았다'고 생각하면 자기 자신까지 부정당한 듯한 기분을 맛보기 때문이다. 그 때문에 기실은 그 실제적 효과 따위에는 그다지 관심이 없는 것일지도 모른다. '좋은 건강보조제를 발견했다', '내게는 이 건강 비법이 맞는 것 같다'라는 만족감과 '그런 것을 고를 수 있었던 나는 행운아다'라는 자기긍정감이 소중한 것이다. 모처럼 그런 것들을 얻을 수 있어서 자신이 향상하고 전진하고 있다는 생각마저 들던 차에 "그건 '가짜 과학'입니다"라고 말하는 사람을 만나면 그 사람은 단지 뭘 모르는 방해자로 보일 뿐이다. 요컨대 실은 효과 그 자체에도 그다지 관심이 있는 것이 아니다. 건강에 좋은 것을 사용하고 있는 자신, 건강에 신경을 쓰고 있는 스스로에게 만족하고 있는 것이다. 혹은 항상 건강에

주의를 기울이고 있지 않으면 직성이 풀리지 않는 것일지도 모른다.

하지만 고액의 비용을 치르고 효과도 불확실한 상품을 사거나 서비스를 받으면서 "난 어쩜 이리도 행운아인지!" 하고 기분이 좋아질 수 있다면 그것으로 이미 충분할까? 물론 그런 기분마저 들지 않는 것보다는 드는 편이 나을지도 모른다. 하지만 그걸로 '나는 과학의 은혜를 입고 있다'고 생각하는 것은 21세기를 사는 인간으로서 너무나도 슬프다.

농림수산성이 2007년도부터 노화 방지를 기대할 수 있는 토마토나 혈압 상승을 억제하는 성분이 풍부한 쌀 등 새로운 식자재나 소재의 연구 개발과 상품화에 본격적으로 나설 것이라는 계획을 발표했다. 지정된 식자재는 일곱 종류다. 아울러 이미 꽃가루 알레르기 완화에 효과가 있는 메틸화 카테킨을 일반적인 녹차의 수십 배나 함유하고 있는 차 '베니후키' 등이 상품화돼 제법 인기를 모으고 있다. 농림수산성이 강력 추천하는 건강식품이 되면 소비자도 신뢰하며 구입하겠지만 성분과 효능 간의 의학적 인과관계가 인체 레벨에서 명확히 입증된 것은 아니다.

그렇다면 어째서 농림수산성이 이런 식품 개발에 뛰어든 것일까. 농림수산성은 국민의 건강 증진을 고려해 좀 더 과학적인 식품을 솔선해서 개발하려는 것일까. 아무래도 그렇다고는 단언하기 힘들 듯하다.

이런 새로운 식자재나 소재 관련 시장 규모는 현재 200억 엔이라고 추정되고 있다. 농림수산성의 전망으로는 5년 안에 3배 이상인 700억 엔 규모로 확대될 것이라고 한다. 유효성분의 함유량 등을 엄밀히 검사한 '검증된' 식자재만을 출하한다고 하는데, 해당 토마토의 리코펜 함유량은 확실히 높았다고 해도 그것이 실제로 노화 방지로 이어진다는 것까지 농림수산성이 보증해주는 것은 아니다. 아울러 농림수산성은 국민의 건강 증진을 위해 이런 식자재를 팔기 시작한 것이 아니라 높은 부가가치로 수입 농산물과의 차별화를 시도해 농업을 지원하는 것을 노리고 있는 듯하다(아사히신문 2006년 8월 28일자 발췌).

이렇게 생각하면 이런 건강 식자재의 목적도 결국 매출을 올리는 것인가 싶은 생각도 든다. 건강에 관심을 가지는 것은 결코 나쁜 일은 아니지만 '그 박사님이 권하는 것이니 확실해!', '관청이 개발했으니 효과는 최고!'라고 너무 믿은 나머지 지나치게 좋은(만만한) 손님이 되지 않도록 항상 조심할 필요가 있다.

늙고 싶지 않다, 병에 걸리고 싶지 않다

강연 의뢰를 받아 어느 지방도시에서 열린 건강 페스티벌에 참여했을 때의 일이다. 내 강연 앞에 시장의 인사가 있었는데 거기서 이런 이야기가 나왔다.

"저희 시도 건강 증진과 복지에 더더욱 힘을 쏟을 생각입니다만, 고령자분들은 아무쪼록 건강하게 취미나 자신의 생활을 충분히 즐기시다가 어느 날 갑자기 확 저세상으로 가시는 것이…."

나는 순간적으로 깜짝 놀랐지만 중·장년 연배의 분들이 많은 강연장은 순식간에 웃음의 도가니가 됐다. 독설로 유명해서 사랑받고 있는 시장인지도 모른다. 하지만 당사자도 도가 지나쳤다고 생각했는지, 시장은 말투를 가다듬고 다음과 같이 덧붙였다.

"아니, '어느 날 갑자기 확'이 중요한 것이 아니라, 이 세상을 떠나시는 그날까지 무탈하시고 즐겁게 보내셨으면 좋겠다는 말씀입니다."

청중인 시민들은 여전히 활짝 웃으면서 고개를 끄덕이고 있었다. 그 자리에 모인 사람들은 분명 지금은 건강하고 즐겁게 생활하고 있는 사람들일지 모르지만, 언제까지 그럴 거라고는 누구도 장담할 수 없다. 아무리 건강에 신경 쓰고 있어도 대부분의 사람들은 나이가 들면 여기저기 몸 상태가 나빠진다. 평생 현역으로 살다가 어느 날 갑자기 확 죽는 사람 쪽이 훨씬 소수이기 마련이다. 신체적 질환이 아니라도 치매에 걸려 가족들이나 타인의 전면적인 간병이 필요해질 경우도 있을 수 있다. 조금씩 다가오는 노년의 그림자에 두려움을 느끼며, 혹은 중병이나 치매에 걸릴까 봐 걱정하며 살아가는 것은 상상하는 것만으로도 힘겨울 것 같다.

여태까지 사회적으로 존경받아온 사람, 두뇌 회전이 빠르다고 추앙받던 사람들 입장에서 신체적 질환 때문에 자리에서 일어날 수 없게 되거나 치매에 걸려 기억력조차 흐려지게 되는 것은 엄청난 공포라고 할 수 있다. 나도 지금까지 근무해온 병원에서 그런 모습을 몇 번이나 봐왔다. 나이 들어 생각지도 못한 심신의 트러블을 겪게 되면 가족들은 "이런 모습이 되시다니…", "아버지, 그렇게 건강하셨는데 어쩌다 이렇게 되신 거예요?"라며 침울해하거나 당황해한다.

하지만 곰곰 생각해보면 노년에 병으로 쓰러져 설령 지난날을 기억하지 못한다 해도 그것만으로 그 사람의 인생 전체가 송두리째 사라져버리는 것은 아닐 것이다. 예를 들어 계속 성실하고 다부지게 살아온 사람이 75세에 접어들자 치매에 걸려 그 후 가족의 얼굴도 알아보지 못한 채 지내게 됐다고 치자. 그런다고 그 사람의 그때까지의 공적이나 인덕이 어딘가로 사라져버리는 것은 아닐 것이다.

그럼에도 '끝이 좋으면 다 좋다'는 속담에 지나치게 얽매인 결과인지, 우리들은 반대로 '끝이 나쁘면 모두 나쁘다'고 생각해버리는 경향이 있다. 후카자와 시치로深沢七郎의 『나라야마부시코楢山節考』는 특정 연령에 도달한 노인이 가족들에게 부담을 주지 않으려고 스스로 오바스테姥捨て山(늙은 부모를 산속에 버렸다는 설화가 전해오는 나가노현의 산-역자 주)에 버려지기 위해 떠나는 어떤 마을의 이야기를 그려낸 환상적인 줄거리를 담고 있다. 심정적으로는 그와 거의 비슷한 일이 현실에서 일어나고 있는 듯하다. 많은 사람들이 지금까지도 '가족들에게 늙은 모습, 병든 모습을 보여주고 싶지 않다', '움직일 수 없게 된 몸으로 자식들이나 손주들에게 폐를 끼치는 것은 한심스럽다'고 생각하고 있다.

인간은 어째서 이토록 늙음을 싫어하고 젊은 시절과는 다른 모습의 자기 자신을 가족들에게 보여주거나 그들에게 보살핌을 받는 것을 두려워할까. 단순히 건강하지 않은 것에 대한 공포심이라는 표현만으로는 설명이 불가능하다.

아마도 이 배경에 있는 것 중 하나는 사회 전체에 만연해 있는 '젊음은 멋진 것'이라는 가치관일 것이다. 나아가 그를 바탕으로 시니어 세대 측에서도 '나는 젊었을 때와 변함이 없다. 변할 리 없다'라는 프라이드를 버릴 수 없다는 문제가 있는 것으로 추정된다.

90대 중반의 나이에도 여전히 현역 의사로서 활약하는 히노하라 시게아키日野原重明 씨는 활력 넘치게 살고 있는 75세 이상의 노인들로 구성된 '새로운 노인들의 모임'을 결성하고 그들이 활약할 수 있는 사회를 만들고자 노력하고 있다. 많은 사람들이 "나도 '새로운 노인들의 모임'에 들어가고 싶다, 히노하라 씨처럼 건강하게 계속 일하고 싶다"면서 희망을 품겠지만 동시에 활력이 넘치지 않는 노인이 되는 것에 대한 불안감도 느끼고 있지 않을까. 물론 히노하라 씨가 "나처럼 활력이 넘치지 않는 노인에게는 가치가 없다"고 말하고 있는 것은 아니지만, 혼자 그렇게 해석해버리는 사람도 있을 거라고 생각된다.

그리고 또 하나, 시니어 세대는 자신들도 그 부모를 보살펴왔기 때문에 간병이 얼마나 힘든 일인지 온몸으로 느끼고 있다. 그 때문에 더더욱 가족들에게는 폐를 끼치고 싶지 않다는 생각이 간절하다. 심지어 아이들 숫자는 점점 줄어들어 자신들 세대보다 자녀 세대는 간병의 부담이 더더욱 크다. 간병보험 등 시스템은 갖춰지고 있으나 한편으로는 불황의 여파나 성과주의의 도입으로 노동 환경은 갈수록 가혹해지고 있다. 간병을 위한 시간도, 정신적 여유도, 나아가서는 경제적 여유도 없다. 여성의 경우 직업을 통한 자아실현이나 가사, 육아와의 양립이라는 커다란 문제가 아직까지도 해결되지 않은 상태다. 거기에 '간병까지'라는 상황에 처하면 마음은 붕괴될 위기에 봉착할 것이다. '언젠가는 반드시 찾아올 것'이라고 생각은 하고 있었는데, 막상 부모를 간병해야 하는 순간이 오면 순식간에 생활은 그대로 멈춰버리고 우울증이나 과호흡 발작을 일으키며 정신과 진료를 받게 되는 사람들도 적지 않다.

'일본은 북유럽 같은 복지 국가가 아니기에 어느 정도는 본인들 스스로 어떻게든 해야 한다'는 의견도 있지만, 앞으로 아이들이 줄고 고령자가 늘어날 것은 분명하므로 시니어 세대가 안심하고 젊은 세대의 신세를 질 수 없다면 늙는다는 것에 대한 혐오감이나 공포심이 줄어들 일은 없을 것이다.

'아직 이런 것도 할 수 있다', '새롭게 이런 것을 배웠다'가 아니라 '이렇게 주름살이 늘어나 얼굴이 변했다', '기억력이 젊을 때와는 상당히 다르다'며 늙는다는 것을 신선하게 느끼고 놀라워하고 오히려 즐길 수 있을 정도의 마음의 여유가 있는가. 초고령사회에 돌입한 일본이 밝은 사회가 될지 어두운 사회가 될지는 그것에 달려 있다. 시니어 세대는 늙는다는 것을 재미있어하고 젊은 세대는 간병을 재미있어하는 것은 지나치게 이상적일지도 모르지만, 만약 그런 분위기가 된다면 "어느 날 갑자기 확 가다니 너무 아깝다!"라는 목소리도 생겨날지 모른다. 늙는다는 것은 인생에서 언젠가는 당연히 맞이할 수밖에 없는 한 국면이다. 그것을 부정하거나 부끄러워하지 않으면 안 되는 사회는 아무리 효율적이고 성장률이 높아도 풍요로운 사회라고는 결코 말할 수 없다. 노인에게도 "자, 여태껏 최선을 다해 살아왔으니 앞으로는 실컷 보살핌을 받겠습니다!"라고 말할 정도의 권리가 있다는 것도 히노하라 씨의 '새로운 노인의 모임'을 위한 운동 중 하나로 덧붙이고 싶은데, 그것이 해당 모임의 취지와 어긋날지 자못 궁금해진다.

병에 걸려도 의사에게 갈 수 없다

지방대학 의학부에서 교편을 잡고 있는 지인과 대화를 나누다 자연스럽게 나온 이야기다. "현지 학생들이 많은가요?"라고 물었더니 대뜸 "천만에요"라고 대답했다. 의학부 이외의 학부의 경우, 하숙비 등이 들지 않기 때문에 자기 집에서 직접 통학하는 학생들이 늘고 있지만 유독 의학부만은 사태가 완전히 반대여서 '어쨌든 어디라도 들어갈 수 있을 듯한 대학'을 노리고 수험생들이 전국에서 몰려든다고 한다. "이전이라면 도쿄대, 교토대에 진학할 학생이 지금은 의학부로 몰리고 있으니까 그렇지요"라고 말한 후 "전국에서 학생들이 와주는 것은 좋지만 졸업 후에도 이 지역에 남는 사람이 적기 때문에 지역 의료는 참 어려운 상황이네요"라며 한숨을 내쉰다.

어째서 의학부가 인기를 끌고 있을까. 새삼 설명할 것도 없지만 그것은 '의사 면허'라는 자격증을 취득할 수 있기 때문이다. 이 면허를 취득하기 위해서는 의학부를 졸업하는 것이 필수적이고, 의학부만 졸업하면 합격률은 약 90%로 매우 높다. 사법시험처럼 '로스쿨 졸업생의 30%도 붙지 않는다'는 시험과 달리 의학부를 나오기만 하면 대다수가 의사 면허를 취득할 수 있는 구조다.

그처럼 의사가 되고 싶다는 젊은이가 늘어나고 있는 한편, 지방의 의사 부족 현상은 계속 심각해지고 있다. 앞에 언급한 지인이 사는 지방에도 이비인후과나 안과 등 전문의의 진료를 받으려면 차로 3시간을 가야 하는 지역이 있다고 한다. 이뿐만 아니라 소아과 의사나 산부인과 의사는 전국적으로 부족해서 일부 도시 지역에서도 "내과 개업의가 어린아이도 진찰하고 있다"는 이야기를 자주 듣는다.

의사 지망생이 증가하고 있는데도 지방 의료는 쇠퇴 일

로를 겪고 있으며, 소아과 의사나 산부인과 의사를 지망하는 학생이 턱없이 부족한 것은 어째서일까. 그 이유는 크게 두 가지로 나눠 생각해볼 수 있다. 우선은 소아과나 산부인과 모두 젊은 의사들이 피하고 싶어 하는 분야다. '중노동에 비해 수입이 낮은 과'이기 때문이다. 지방의 종합병원에 근무하는 의사들은 대도시의 의사들처럼 일할 수 없다. 큰 도시에 사는 의사는 도심에 있는 근사한 빌딩 중 한 공간을 빌려 진료 오피스를 열고 진료 종료시간이 다가오면 문을 닫고 자택에 귀가할 수 있다. 하지만 지방은 상황이 완전히 다르다. 거의 24시간 노동에 가까운 가혹한 노동조건을 감당해야 한다.

아울러 의사나 의료에 대한 '세간의 눈'은 더더욱 엄격해지고 있다. 2006년 3월에는 후쿠시마현 공립병원에서 제왕절개 수술을 집도한 38세의 산부인과 의사가 대량 출혈을 일으킬 우려가 있는 '유착태반' 처치를 잘못해서 환자를 죽음에 이르게 했다는 이유로 체포·기소됐다. 의료 관계자 중에는 신문에 "이 경우는 신고 의무가 있는 의료 과실이라고는 말할 수 없으며, 통상적인 의료 행위의 범주 내에서 일어난 사건이다. 형사상 처벌이 내려질 정도의 문제는 아니다"라는 코멘트를 내는 사람도 있었지만, 체포를 비판하는 이런 의견이 큰 물줄기를 형성하지는 못했다.

물론 돌아가신 분의 원통함이나 유족분들의 안타까움을 고려하면 처치를 담당한 의사를 엄히 처벌하길 바라는 심정도 자연스러운 감정일지 모른다. 하지만 '의료 행위의 범주 내에서의 죽음'과 '의료 과실로 일어난 죽음' 사이에는 애당초 결정적인 차이가 있을 텐데도 그것이 같은 레벨에서 다뤄지는 경우가 적지 않다. 의사가 행하는 의료 행위에 대해 엄격하게 잘 살피는 것과 모든 애석한 결과를 의료 과실로 간주해 행사상의 책임을 묻는 것은 그 차원이 다르다. 산부인과 의사 중에는 이런 경향이 젊은 의사들로 하여금 '산부인과 벗어나기' 현상을 부추기고 있다고 보는 사람도 적지 않다. 형사상의 처벌뿐만 아니라 산부인과, 소아과는 민사소송이 많은 과로도 널리 알려져 있다.

한편 젊은 의사들 사이에서 인기가 급격히 상승하고 있는 것은 성형외과, 피부과, 마취과라고 한다. 성형외과는 본래 교통사고나 화상으로 얼굴이나 손 등에 상처를 입은 사람들을 대상으로 현미경에 의한 치밀한 기술을 활용해 치료해주는 진료과였다. 성형외과 의술이 발달하면서 사고 등으로 절단된 손가락이 원래대로 복원되는 케이스도 늘었다.

하지만 지금 성형외과를 가고자 하는 사람들의 대부분은 '미용성형외과' 개업을 목적으로 삼고 있다. 피부과의 경우도 미용피부과나 안티에이징(피부나 혈관의 '회춘'을 추구하는 진료)을 목적으로 한다. 마취과는 요통 등의 고통을 경감시키는 통증 클리닉이다. 하나같이 그다지 장기간의 수련을 거치지 않아도 빌딩의 한 공간에서 개업할 수 있으며, 고수입을 기대할 수 있다. 그리고 무엇보다 환자의 생사와는 거의 무관하다. 미용성형외과나 미용피부과 등은 건강한 사람을 좀 더 아름답고 기분 좋게 해주는 의료이기 때문에 '병을 고치는 것이 의사'라는 종래의 정의로부터 크게 벗어나 있다.

물론 우수한 외과의나 내과의가 완전히 사라져버린 것은 아니지만, 그들 대부분은 의욕이 넘치기 때문에 더더욱 도시에 있는 의료센터나 고기능 의료시설에서 일하고 싶어 하는 경향이 있다. 그런 병원에서 진찰을 받기 위해서는 우선 지역 진료소에서 '진료정보제공서'라는 서류를 발급받아야 한다. 명성이 자자한 의사는 외래 예약이 어려워 수개월이나 기다려야 하는 경우도 있다. 괴로워서 지금 당장이라도 진찰을 받고 싶다고 생각하지만 "그럼 3개월 후 서류를 잘 갖춰 가지고 와주세요"라고 한다면 매우 곤란해질 것이다. 아울러 고기능 병원에서 고도의 진료를 받기 위해서는 그 나름의 돈도 필요하다.

요컨대 양질의 의료 혜택을 받고자 생각했다면 도회지에서 살면서 돈이나 인맥을 가지고 있지 않으면 안 된다. 그리고 그런 사람은 건강해질 뿐 아니라 앞으로도 더더욱 안티에이징이나 미용성형의료까지 받을 수 있다. 한편 지방에서는 고도의 의료는커녕 '평범한 의료' 혜택마저 누릴수 없어 괴로워하는 사람들이 있다. 이런 부분에서도 극심한 양극화가 이미 진행되고 있다.

기댈 수 있는 유일한 희망이라면 이대로 성형외과 의사나 안티에이징과 의사가 계속 늘어나면 조만간 공급과잉이라는 사태가 찾아와 그들이 기대하고 있을 정도의 고수입을 얻을 수 없게 될 거라는 점 정도다. 그렇게 되면 의사 면허는 모든 진료과 의사 선생님에게 공통이며, 심지어 의사 이외의 분야에서는 아무런 쓸모도 없는 자격증이므로 그들도 어쩔 수 없이 내과 의사나 산부인과 의사로 지방의 작은 도시에 진료소를 열지도 모른다. 하지만 그때까지는 수십 년이 걸릴 듯하다.

그러는 동안 '평범한 인플루엔자', '평범한 위암' 등에 걸린다면, 혹은 '평범한 출산보다 조금 더 리스크가 있는 출산'을 해야 된다면 도대체 어디로 가야 평범한 의료 혜택을 볼 수 있을까. '의료 난민'이라는 단어는 재활 종료나 노인병원에서의 퇴원을 당장 해야 하는 고령자를 위한 단어처럼 여겨지고 있으나 실은 그렇지 않다. 누구든 내일 당장이라도 의료 난민이 될 가능성이 있다. 또한 동시에 한정된 숫자의 환자를 서로 뺏고 뺏기는 미용성형외과 의사 등도 또 다른 의미에서의 의료(의 세계에서의) 난민이라고 말할 수 있을지 모른다.

환자들은 평범하게 의사를 신뢰하고, 의사도 평범하게 자신의 본업인 '사람의 생명을 살리는 일'에 전념할 수 있는 시대가 과연 다시 도래할 수 있을까.

현대 의료를 신뢰할 수 없다

2006년 다채로운 활약을 보여준 여성 두 명이 40대, 50

대라는 젊은 나이로 잇따라 세상을 떠났다. 아나운서 출신의 작가인 에몬 유코絵門ゆう子 씨와 러시아어 통역사이자 작가인 요네하라 마리米原万里 씨였다. 두 사람에게는 공통점도 있었다. 에몬 유코 씨는 유방암, 요네하라 씨는 난소암을 앓고 있었다는 것 외에 의료, 이른바 서양의학을 '거부'하고 대체요법이나 민간요법 치료를 받고 있었다는 점이다.

하지만 거부한 시기에는 차이가 있었다. 암을 발견하자마자 민간요법 치료를 받고 있던 에몬 유코 씨는 신뢰할 수 있는 의사를 만나 도중에 수술과 함께 항암제 치료도 받게 됐다. 하지만 요네하라 씨가 의료를 거부한 것은 수술을 받은 후 암이 재발했음을 알고 나서부터다. 어떤 치료를 선택할지는 본인의 의사에 달렸다 해도 유방외과 의사나 산부인과 의사인 지인들 중에는 "사회적 영향력이 있는 사람인만큼 조금 더 의료를 믿어주셨으면 좋았을 것을…"이라는 목소리도 있다.

분명 수술이나 항암제는 암세포만 없애는 것이 아니라 그 사람의 온몸에도 극심한 통증을 가져다준다는 이미지가 강하다. 실제로 그런 사실을 부정할 수 없다. 하지만 의사의 과실에 의한 불상사도 끊이지 않고 있다. 요컨대 이런 것에 대해 불신감을 품은 암환자들 입장에서 서양의학이란 '마음이 좋지 않은 사람이 몸에 좋지 않은 것을 하는' 것이기 때문에 그야말로 '악의 제곱'이라는 상황이 된다. 그렇지 않아도 불안감으로 가득한 환자에게 "이 경우엔 수술밖에 없겠네요. 그럴 경우 일어날 수 있는 후유증은 이런 것들이며, 5년간 생존율은 몇 퍼센트고…"라고 언뜻 보기에 잘 노는 사람으로 보이거나 오타쿠(만화, 게임 등 한 분야에 남달리 몰두하는 사람을 일컫는 말-역자 주)풍으로 보이는 젊은 의사가 사무적인 어조로 말하면 "아니, 이거 보세요, 잠깐만요"라고 말하고 싶어지는 것도 당연하다.

그에 비해 민간요법은 너무나 다정하고 선량하게 보인다. 몸을 메스로 가르고 자르는 수술도 없다. 극심한 부작용이 나타나는 항암제나 방사선 치료법도 사용하지 않는다. 또한 민간요법에는 '자기', '자연' 등의 단어가 많이 등장한다. "나쁜 부분을 무리하게 잘라내는 것이 아니라 어디까지나 당신의 몸이 가지고 있는 자기 치유력을 높입니다"라거나 "자연의 면역력에 호소해 암세포와의 공생을 꾀합니다"라는 이야기를 들으면 "당신 자신에게도 여전히 많은 가능성이 있다"라는 말을 들은 것 같은 기분이 든다. "암에 걸려버리다니…"라며 의기소침해져서 자신감을 잃으려고 하고 있던 사람에게 이것은 가장 좋은 약일 것이다.

물론 민간요법에도 문제가 없는 것은 아니다. 많은 요법에서 그 효과가 아직 입증되지 않았다. 어떤 요법을 사용했더니 A 씨의 암이 말끔히 사라졌다. 여기까지는 분명한 사실일 수 있다. 하지만 그 요법이 A 씨 이외의 사람에게도 효과가 있는지, 아울러 애당초 A 씨의 암이 사라진 것은 정말로 그 요법 때문인지, 다른 치료에서는 효과가 없었는지, 아무 치료를 하지 않아도 나을 수는 없었는지, 장기적인 경과는 어떨지 등등에 대해서 민간요법의 경우 거의 조사되지 않았다. 예를 들어 '이것을 사용한 80%의 분들에게서 효과가 있었다'라는 광고가 있었다고 치자. 하지만 그 80%의 사람들은 다른 치료법을 통해서도 좋아질 수 있었던 사람들이었을지 모른다. 물론 '절대적으로 효과 있음'으로 선전하면 약사법에 걸리겠지만 "나는 이것으로 암을 이겨냈다"고 이용자가 자신의 체험담을 발표했다면 결코 과대광고라고 할 수 없다.

한편 서양의학에서는 이런 식의 비교 시험은 제법 철저히 이뤄진다. 예를 들어 신약 P라는 약을 먹은 50명과 "P입니다"라고 알려준 후 실은 기존에 있던 약인 Q나 그냥 밀가루를 먹은 50대를 비교·검토한 후, 진짜 P를 먹은 그룹에만 확연한 효과가 있었을 때 "P는 효과가 있다고 인정됐다"라고 할 수 있다. 이 때문에 민간요법의 '효과 있음'과 서양의학에서의 '효과 있음'은 그 신빙성에 제법 큰 차이가 있다.

그렇다면 어째서 서양의학은 이토록 신용이 없을까. 여러 가지 이유를 생각해볼 수 있지만 그중에서도 중요한 것은 '암' 따위의 병소를 '나쁜 것, 쓸데없는 것', 그런 나쁜 병소가 자리 잡아버린 환자를 '병든 사람'이라고 간주하고 치료한다는 의료 그 자체의 사고방식 때문은 아닐까. 그런데 아프다거나 고통스럽다고 호소하며 병원에 가서 "아, 이런 곳에 암이 있네요, 여기 보세요!"라며 의사가 화면을 보여주면 환자는 자기 자신의 잘못이나 결점을 지적당한 기분이 돼버릴 수 있다. 인간적으로 'X표'를 받았는데, 심지어 "후유증이나 부작용이 있을지 모르지만 저라면 이것을 제거할 수 있거든요"라면서 강자의 입장에서 몸까지 'X표'가 될지 모를 제안을 해왔을 때, 순순히 "그럼, 잘 부탁드립니다"라고는 말할 수 없는 사람이 있다 해도 전혀 이상하지 않다.

그에 비해 민간요법에는 "이렇게 건강해졌습니다"라는 밝은 이야기가 가득하다. 개중에는 "병에 걸리기 전보다 훨씬 몸 상태가 좋다"는 이야기조차 들린다. 민간요법 연구소 같은 데 가면 대체적으로 "힘드시죠?"라며 다정하게 반겨주고, 병의 상태에 대한 이야기로 옮겨지면 "그야말로 당신 같은 분에게 아주 딱 맞는 요법입니다"라고 말해준다. 나의 존엄이 훼손되기는커녕 반대로 자존감이 높아질 수 있는 말만 골라서 해준다. 이 시점에서 많은 환자들이 "여기에 오길 잘했다. 나는 정말 운이 좋다"고 틀림없이 생각할 것이다.

하지만 한 가지 잊지 말아야 할 점이 있다. 그것은 민간요법을 다루는 사람들이 어째서 서양 의술을 다루는 의사에 비해 그토록 다정하고 이해심이 있을까 하는 점이다. 물론 개중에는 정말로 환자의 입장이 돼 생각할 수 있는 사람, 마음이 넓은 인격자도 있을 것이다. 하지만 그들은 그것을 자원봉사로 하고 있는 것이 아니다. 아무 말 없이 잠자코 기다리고 있으면 환자가 찾아오는 큰 병원과 달리 적극적으로 많은 이용자를 모으지 않으면 필연적으로 수입도 적어진다. 그를 위해서는 다소간의, 혹은 상당한 정도의 서비스 정신이 당연히 그 대화나 태도에 가미될 것이다.

자신의 몸은 자신의 것이기 때문에 병에 걸렸을 때도 자신의 뜻이나 신념에 근거해 치료법을 선택하고 싶다. 이것은 잘못된 것이 아니다. 서양의학이나 오늘날의 의료에는 커다란 문제점이 있다. 이것 역시 진실이다. 나아가 의사에게 문제가 있는 경우도 적지 않다. 예를 들어 환자를 권위주의적인 태도로 대하거나 환자를 약자라고 업신여기는 의사도 존재한다.

하지만 그렇다고 해서 금방 믿을 수 있는 것은 민간요법이나 대체요법뿐이라고 장담하는 것도 섣부른 생각이 지 않을까. 또한 "대학병원에서도 5년 생존율 60%인데 이 요법의 경우 90%라네요"라고 의학적 데이터와 민간요법의 숫자를 비교하는 것도 무의미하다. 앞서 설명한 것처럼 애당초 양자 사이에는 '효과 있음'에 대한 기준이 다르기 때문이다.

병에 걸리지 않는 사람은 없다. 병에 걸리는 것은 그 사람의 평소 생활 습관 탓만도 아니며 그 인격 탓도 아니다. 따라서 병에 걸렸다고 해서 의사 앞에서 약한 사람, 루저라는 태도를 취할 필요는 전혀 없다. 그런 태도를 강요하는 의사는 정말로 문제가 있다. 하지만 만약 맨 처음 진료를 받은 병원이 운 나쁘게도 환자에게 약자나 실패자라는 의식을 갖게 하는 곳이더라도, 그것은 의학 그 자체에 기인하는 것은 아니다. 오히려 일본의 의료제도나 습관의 문제라고 말할 수 있을 것이다. 일본에서 의료기관을 이용하는 환자가 어떤 식으로든 문제점을 느끼는 것은 어쩔 수 없다는 측면이 분명히 있다. 하지만 그렇다고 바로 "서양의학은 신용할 수 없다"고 단정하지 않길 바란다. 민간요법이나 대체요법을 택하는 것도 물론 좋지만, 그때는 '서양의학은 악이며 이쪽은 선'이라는 대립적 도식을 끌고 들어오지 말고 '의료도 이용하고 민간요법도 활용하고'라는 여유로운 태도로 임하는 편이 좋다고 생각한다. 자기다운 요양 생활을 보내는 것도 중요하지만, 조금 더 살수도 있는 생명인데 공연히 그 생명이 줄어들게 할 필요는 없다. 인간의 몸이라는 세계에는 아직도 우리가 이해할 수 없는 것도 많기 때문에 서양식 의료든 민간요법이든 '이것이야말로 유일한 정답'이라고 결론짓지 않는 태도가 필요할 것이다.

5. 항상 불안감이 사라지지 않는다
- 마음 편

자신감을 가질 수 없다

"가라오케 갑시다!"라고 누가 권했을 때, "아니요, 목소리에 자신이 없어서"라고 사양한다. 자주 오가는 대화다. 이처럼 '자신이 없다'라는 표현은 스포츠나 요리, 글쓰기 등 취미나 부업 영역에서 자주 사용되는 말이었다. 영업맨이 "영업요? 글쎄요, 자신 없어서"라고 말하거나 교사가 "아이들 교육에는 자신이 없거든요"라고 답변하는 경우를 상상해보자. 그 사람에게는 중요한 일, 핵심에 가까운 일이기 때문에 간단히 "자신이 없다"고 대답하면 자칫 무책임하다고 여겨질 수 있었다. 본인에게도 느껴졌을 것이다. 그렇게까지 표현해버리면 본인 자신도 열등감에서 회복될 수 없을 정도의 치명상을 입을 것 같다는 예감을 받을 것이다.

언제부터인지 "얼굴에 자신이 없다", "스타일에 자신이 없다"라고 하는 식으로 자신의 외모에 대해 "자신이 없다"고 말하는 사람들이 늘었다. 얼굴이나 스타일은 상당히 본인의 핵심에 가까운 것인데, 그나마 내면이 아니라 어디까지나 표면적 문제이기 때문에, 그다지 큰 저항감 없이 자신 없음을 표명하기 쉬웠을지도 모른다.

그런데 최근 취미도 외모도 아닌 '스스로에게' "자신이 없다"고 말하는 사람이 부쩍 늘었다. 진료실에 오는 사람들 중에도 문진표의 '자신의 단점'란에 "자신감을 가질 수 없다"라고 쓰는 사람이 있다. 그런 사람에게 "어떤 것에 자신감을 가질 수 없는 거죠?"라고 물어봐도 "구체적으로 어떤 것이 그렇다는 게 아니라, 어쨌든 그 무엇에 대해서도 자신감을 가질 수 없는 거예요", "자신감만 가질 수 있다면 자기 자신을 좋아할 수 있다고 생각하는데요, 지금 이대로의 저는 싫어요"라는 식으로 막연한 대답이 돌아오는 경우가 많다. 물론 "일에 대해서도 자신감을 가질 수 없다"라고 주저 없이 말한다.

이런 표현을 듣고 있노라면 '자신이 없음'의 대상이 점점 뭔가 하나의 요소로부터 전체로, 자신의 외부 문제에서 내면으로 향하고 있는 것 같다는 생각이 든다. 하지만 예를 들어 '가라오카에 자신이 없다'는 것이라면 가라오케를 피하거나 연습을 해서 극복할 수 있지만 "어쨌든 그 무엇에 대해서도 자신감을 가질 수 없다", "스스로에게 자신이 없다"고 하는 경우라면 어디서부터 손을 대야 좋을지 막막해져버린다. 그리고 "어떻게 하면 좋겠다고 생각합니까?"라고 물어보면 대체적으로 이런 답변이 되돌아온다.

"자신감을 가질 방법만 알면 좋겠습니다만….'

그런데 그런 사람들과 좀 더 이야기를 나누다 보면 의외의 사실을 알게 되는 때가 있다. 문제는 그 사람이 자신감을 가질 수 없는 것이 아니라 단순히 가정환경이나 노동조건의 열악함에 오히려 문제가 있는 경우가 적지 않기 때문이다. 어떤 여성은 남편의 '가정 내 폭력'에 고통을 받고 있었음에도 "나쁜 사람은 저예요"라고 되풀이하고 있었다. "아니요, 이건 당신 자신이 바뀐다거나 바뀌지 않는다거나 하는 문제가 아니라 그 남편분을 어떻게 해야 하나의 문제라고 생각해요. 우선 여성센터에 가서 상담 한번 받아봅시다"라고 전화번호를 가르쳐주면 그녀는 여우에게라도 홀린 듯한 표정으로 "네? 그런 것으로 어떻게든 되는 거예요?"라고 되물었다. 개중에는 변호사나 경찰을 소개해줄 필요가 있는 케이스도 있다. 상황이 그 정도까지 악화돼 있는데도 "나만 바뀌면 된다"고 생각하고 있는 것이다.

이처럼 스스로가 아니라 주변 상황을 조정하거나 문제점을 개선하면 되는 경우라도 "내가 나쁜 거야. 스스로에게 자신감을 가질 수 없으니까 안 되는 거야"라고 생각하고 "나쁜 건 바로 나. 나만 변하면 문제는 해결되는 거야"라고 자신이나 자신의 내면을 지나치게 응시하는 사람들이 늘어나고 있다. 이런 사람들은 자신이 지금 고통받고 있는 문제는 자기 혼자만의 문제라고 생각한다. 주위에도 자신과 비슷한 고통을 받고 있는 사람이 있을지도 모른다는 사실에는 생각이 미치지 않는 것이다. 예를 들어 직장 내 인간관계의 열악함에 괴로워하고 있다고 치자. 그것을 어떻게든 조정하면 자기만이 아니라 주위 사람들도 도움을 받을 수 있을지 모른다. 하지만 '나만 바뀌면 된다'고 생각하기 때문에 그것 역시 불가능하다.

한편 "부모가 나쁘다", "상사가 나쁘다"라고, 자기 자신의 문제로부터 눈을 돌려 일방적으로 주변 사람들을 탓하는 사람들도 늘고 있다. 게다가 앞서 언급(폭력에 어떻게 대처하면 좋을까'-36쪽)한 바와 같이 타인에게 공격적, 폭력적인 태도를 취하는 사람도 눈에 띄게 늘어났다. 하지만 동시에 이렇게 주위나 조직 등 자신의 외적인 문제임에도 "나 스스로에게 자신감을 가질 수 없는 것이 문제야"라며, 자신의 내부에서 해답을 찾으려는 사람들도 늘고 있는 상황이다. 실은 대부분의 문제는 일방적으로 타인이 나빠서 일어나는 것도 아니며, 전면적으로 자신에게 결점이 있기 때문에 발생하는 것도 아니다. '자신도 바뀌고 주변도 바꾼다'는 균형감 있는 태도로 해결해가야 한다.

"스스로에게 자신감을 가질 수 없다"고 말하는 사람들에게는 우선 자신감을 가질 수 있게 되는 것에 대해 생각하지 말고, 자신의 자신감을 빼앗는 상황이 자신의 외부에는 없는지 생각해보라고 말한다. 그리고 성희롱, 가정 내 폭력, 가혹한 노동조건 같은 원인이 자신의 외부에서 발견된다면 우선 다양한 기관에 상담을 신청하거나, 누군가에게 현재 상황에 대해 호소해보거나, 문제의 해결을 시도해보도록 권한다. '자신감을 가지기 위한 사고법' 따위는 그 이후에 천천히 생각해보면 될 것이다.

"외부에 눈을 돌려야 한다. 이런저런 생각에 지나치게 몰두하지 말고 실제로 움직여서 해결할 수 있는 것도 매우 많기 때문이다"라고 말하면 대부분의 사람들은 "그런 식으로는 생각해본 적이 없다"라고 말한다. 말하고 있는 나도 "이건 정신과 의사의 일이 아니로군. 사회복지사업가의 일이네"라는 생각을 해본 적도 있다. "내면에 지나치게 몰입하지 말라"고 말해줘야 할 케이스는 적지 않다.

　되풀이해서 말하자면, 여태까지 "자신이 없다"라는 말은 일상생활에서 취미나 사소한 기분 전환에 관한 표현으로, "아니요, 그건 저는 좀 무리입니다"라고 하는 느낌으로 가볍게 사용하는 말이었다. 그것을 가지고 "나라는 인간에게 자신감을 가질 수 없다"라는 식으로 표현하는 것 자체, 혹은 그렇게 말하지 않을 수 없는 환경이나 상황이 애당초 문제라고 할 수 있다. 그러나 한편에서는 나쁜 결과에 대해 타인의 탓으로 돌리는 사람도 늘고 있다. 그런 상황에서 만약 자신감이 없는 스스로를 탓하며 문제의 원인을 자신의 내면에서 찾으려는 사람이 늘어나고 있다면, 그런 사람들에게는 현 사회가 마치 본인들을 질책하는 것처럼 느껴질지도 모른다.

　자신이 없는 내가 나쁜 것이 아니라 이런 나로 하여금 자신이 없다고 생각하게 만드는 사회가 나쁜 것이다. "자신감을 가질 수 없다"며 괴로워하는 사람은 그렇게 생각해도 좋지 않을까. 자신감을 얻을 수 있는 사회로 만들기 위해서 나 자신이 어떻게 하면 좋을지 생각할 수 있다면, 자신 이외의 사람들에게도 살기 쉬운 세상이 완성돼갈 것이기 때문이다.

긍정적인 마음을 가질 수 없다

'우울증은 마음의 감기', '우울증은 7명 중 1명은 걸린 경험이 있는 흔하디흔한 병'. 멘탈 헬스의 계몽 활동 결과, 이런 메시지가 널리 퍼져 편한 마음으로 정신과를 찾는 사람이 늘어난 것은 매우 바람직한 현상이다. 하지만 그와 동시에 조금이라도 마음이 침울해지거나 일이나 생활에서 무료함을 느끼기만 해도 "나도 혹시 우울증은 아닐까" 하며 신경을 쓰는 사람이 늘어난 것도 사실이다.

한편에서는 '인생을 긍정적으로 살아야지', '성공에 필요한 것은 플러스 사고방식!' 등의 메시지도 항간에 넘쳐나고 있다. 그런 교훈이 잔뜩 적힌 책들이 잘 팔리고 있으며, 대화를 통해 그 사람의 가능성을 끌어내어 가장 빠른 속도로 목표를 달성할 수 있도록 동기를 부여하는 '코칭'이라는 심리학 응용 기법도 붐을 이루고 있다. 이런 풍조 안에서는 '마이너스 방향으로 생각에 잠겨버리는 것'이나 '발을 헛디디거나 정체되는 것'은 백해무익, 아무런 가치도 의미도 없는 일로 간주된다.

정신과를 찾는 사람들 가운데에도 '지금까지처럼 긍정적으로 생각되지 않는다'. '삶의 보람이나 가치를 느끼면서 일에 몰두할 수 없다'는 이유만으로 "이것은 병적인 상태가 아닐까" 하며 걱정하는 케이스가 적지 않다. 하지만 생각해보면 언제나 끊임없이 긍정적인 플러스 사고를 하고 넘칠 정도의 보람이나 가치를 느끼면서 일하는 쪽이 인간에게는 더 부자연스럽지 않을까. 예를 들어 18세기에 창작된 괴테의 소설 『젊은 베르테르의 슬픔』의 주인공 베르테르는 이미 약혼자가 있는 여성을 사랑하다가 마침내 자살해버린다. 그러는 동안 베르테르는 연애에 대해서뿐만 아니라 '나 자신이란?', '고독이란?', '이상적인 삶의 방식이란?' 등등의 다양한 문제들에 대해 계속 번민한다.

요즘 시대에 베르테르 같은 인간이 있다면 주위 사람들은 "당신은 우울증 환자니까 병원에 가서 약을 받아 오세요"라고 하거나 "마이너스 사고에 사로잡히는 것은 인생의 낭비입니다. 한시바삐 코칭을 받아 자신의 가능성을 만개시키도록 하세요"라고 말할지도 모르겠다. 하지만 이 소설은 청년의 보편적인 심리를 묘사한 명작으로 무수한 독자들의 공감을 얻어왔다.

도대체 언제부터 '깊이 생각에 잠겨버리는 것'이나 '발을 헛디디는 것'은 병적이며 나쁜 것, 당장 제거하지 않으면 안 되는 것으로 간주되게 됐을까.

아마도 세계적으로 진행되고 있는 시장주의나 경쟁주의가 초래한 가치관의 변화도 이와 상관관계가 있을 거라고 생각된다. 모든 것을 시장의 경쟁에 맡기고 경쟁에서 이긴 사람이 이익을 얻는 것이 당연하다는 사고방식이 퍼져, 정체돼 있거나 득이 되지 않는 것은 낭비나 손해로 파악돼버린다.

하지만 인생을 살아가면서 기분이 단 한 번도 침울해지지 않는 사람, 공부나 일이 잘 풀리지 않는 시기가 전혀 오지 않는 사람이 있을 리 없다. 만약 그런 완전무결한 인간이 있다면 그 사람은 아무런 흥미로움도 깊이도 없는 무미건조한 인간임에 틀림없다.

'언제나 밝고 긍정적이어야만 함', '그것이 조금이라도 훼손되면 병'이라는 '완전한 마음이라는 건강 환상'에 앞서, '몸은 언제든 100% 건강해야 함'이라는 '완전한 몸이라는 건강 환상'이 존재했다고 생각된다. 그리고 지금 상황은 더욱 심각해져 '언제라도 완전히 젊은 상태로 있어야 함'이라는 '영원한 불노불사 환상'에 사람들이 빠져들고 있다. 병이나 부상, 우울함이나 좌절, 주름살이나 흰머리 등의 노화는 누구든 가능한 한 피하고 싶을 것이다. 하지만 그것은 인간의 생활에서 완벽하게 제거할 수 없는 것인 동시에, 제거해야만 할 대상도 아니다. 오히려 고통이나 슬픔이야말로 인생의 가장 농밀한 부분을 맛보게 해주는 것일지도 모른다. 오히려 그것이 찾아와주길 기꺼이 환영하는 태도도 결코 나쁘지 않다.

아침에 일어나보니 영 회사에 갈 기분이 아니다. 연애에서 실패한 후 걸핏하면 눈물이 난다. 좀 더 열심히 하고 싶다고 생각은 하는데 한숨만 나오고 기운도 나지 않는다…. 이런 것들은 그것만으로는 결코 병적인 상태라고는 말할 수 없다. 하지만 "선생님, 저는 우울증인가요?"라고 말하는 그들의 진지한 물음에 대해 "우울증은 아닙니다. 그것은 인생의 프로세스 안에서 당연히 솟구칠 수 있는 감정 중 하나입니다"라고 답변하면 "그렇군요. 이제 정말 안심이 됩니다"라고 기뻐하는 사람들은 극히 드물다. 왜냐하면 그들 내면에서는 '마이너스 요소는 악'이라는 가치관이 강하게 각인돼 있는 경우가 많아서 "우울증은 아니다"라는 소리를 들으면 '그럼, 그것은 도대체 어떻게 제거해야 할까?' 하는 생각에 빠져 고뇌와 당혹스러움이 더더욱 깊어질 뿐이기 때문이다.

여기서 더 나아가 "이것은 우울증도 아니고 제거하지 않으면 안 되는 것도 아닙니다. 잠시 멈춰서서 그런 권태로움이나 우울증과 충분히 마주하는 것도 소중한 일 아닐까요?"라고 설명해도 그들에게는 이해되지 않을 것이다.

그렇다면 "글쎄요, 이것은 가벼운 우울증일지도 모릅니다"라고 일단은 답해주는 편이 그들 입장에서는 좀 더 친절할지도 모른다. 하지만 '우울증'이라는 진단을 남발해서 가벼운 항우울증 약제를 복용시킨다고 그들이 생각하는 '언제나 긍정적이고 발랄한 상태'는 되지 않을 것이다. 역시 근본적인 해결책은 '인생에 침울함이나 슬픔은 늘 따라다니는 것. 잠시 멈춰도 되고 한숨을 쉬어도 좋습니다'라는 사실을 받아들일 수 있도록 할 수밖에 없겠지만, 그것은 제법 어려운 일이다.

감정 기복이 심하다

아침에 눈을 떴을 때는 몸에 활력이 넘치고 '오늘은 어쩐지 상태가 좋아!'라고 느꼈다. 일어나서 켠 TV의 '오늘의 운세' 코너에서도 자신의 별자리는 '무척 호조!'. 기운차게 집을 나섰는데, 역에 도착해서야 업무 서류를 깜빡 잊고 안 챙겼음을 알아차린다. 플랫폼 거울에 비친 얼굴은 어쩐지 부어올라 늙어 보인다. 전철 객차 안에서 스포츠 신문을 펼치자 응원하던 야구팀이 최하위로 떨어진 뉴스가 보인다. 기분은 최악, 난 어쩜 이리도 운이 나쁠까. 아침부터 이렇게 침울해지다니, 난 어쩌면 조울증(양극성 장애)이지 않을까….

방금 전까지는 최고였던 기분이 뭔가의 계기에 의해 최악이 된다. 심지어 그 격심한 파도가 하루 사이에 몇 번이고 찾아온다. 제트코스터에 탄 것처럼 기분이 올라갔다 내려갔다 하기 때문에 그것에 좌지우지되다 보면 본인조차 지쳐버린다.

이런 증상을 보이는 사람들이 최근에 "저는 조울증일까요"라며 스스로 진료실을 찾아오게 됐다. "침울해진다"고는 하는데, 계속 회사에 갈 수 없을 정도로 심하지는 않다.

우울증처럼 사고나 행동이 정체돼 전혀 움직일 수 없게 되는 이른바 '정신운동지체'라 불리는 증상은 나타나지 않는다. 반대로 침울한 상태에 있어도 불안감이나 초조감이 커서 안정적으로 있지 못하는 일이 많다.

의학적인 '우울증' 중에도 이렇게 '경미하지만 반복되는 타입'이 주목받고 있다. 그 하나는 '기분부전증'이라 불린다. 기분부전증은 경미하게 침울한 기분, 흥미를 상실하고 아무것도 즐길 수 없을 것 같은 느낌이 상당 기간(일반적으로는 2년 이상) 강해지거나 약해지거나 하면서 계속되는 상태를 말한다. 또한 이런 기분부전증 증세로는 몸의 피로감, '나는 가치가 없다'는 생각이나 자기혐오감도 생기기 쉽다. 이 사람들은 자주 "나는 자기 자신을 항상 비참하게 느끼고 있다", "태어난 후 줄곧 우울해서 단 한 순간도 기분이 후련한 적이 없다"라는 식의 말을 하는데, 실제로는 학교나 업무에도 적응을 잘하고 주위에서 봐도 그다지 우울함이 눈에 띄지 않는 시기도 있다. 어떤 조사에서는 인구의 3~4%는 이런 기분부전증을 앓고 있다고 진단된다고 하는데, '기분부전증적인 사람'이라고 광범위하게 생각하면 실제로는 좀 더 많은 사람이 '계속 이어지는 우울한 느낌' 때문에 괴로워하고 있을 것이다.

하지만 감정 기복이 심한 사람 중에는 우울할 때와 그렇지 않을 시기를 왔다 갔다 할 뿐만 아니라 앞서 소개한 것처럼 최고의 기분과 최악의 기분을 왔다 갔다 하는 좀 더 극단적인 타입도 드물지 않다. 조울증의 의학적인 정의에서는 '우울함'이 메인이며 그 사이에 가벼운 조증을 보이는 시기가 발견되는 타입을 '제II형 양극성 장애'라고 부른다. 정신병리학자인 우쓰미 다케시內海健 씨는 그의 저서 『우울증 신시대うつ病新時代』(벤세이슛판勉誠出版, 2006년)에서 이런 제II형 양극성 장애가 증가하고 있다는 점을 지적하면서 이것을 "커다란 이야기가 실추된 이후의 포스트모던 사회의 질병"이라고 설명한다. 사회 분위기를 민감하게 포착해 때로는 이를 대신 떠맡는 경우도 있는 우울증 환자는 "소중한 것을 망쳐버린 것은 아닐까", "이런 내가 존재해도 무방할까" 따위의 곤혹스러운 질문을 스스로 떠안은 채 고민한다고 한다.

"감정 기복이 심하다"고 호소하는 사람들은 의학적으로 기분부전증이나 제II형 양극성 장애와 다르다고 생각되지만, 그 근저에 있는 문제는 아마도 동일할 것이다. 요컨대 스트레스나 피로, 혹은 이상과 현실 사이의 갭 등이 원인이 돼 우울증에 걸리는 종래의 케이스와는 달리 지금의 사회 안에서는 고민이나 스트레스가 충분한 시간을 거쳐 우울증이라는 형태로 결실을 맺는 것마저 불가능하다는 이야기다. 좀 더 이해하기 쉽게 말하자면 우울증적인 요소를 농밀하게 보여주면서도, 모든 병적 상태가 형태를 갖춰 우울증으로 완성되는 것을 기다리지 않은 채, 또 다른 별개의 상황에 휘말려 또 다른 정신 상태를 보여준다는 것이다.

우울증 그 자체는 매우 고통스럽지만, 어떤 의미에서는 그 나름대로 안정된 병이다. 진료 현장에서 의사는 우울증 환자에게 이렇게 말을 건넨다. "괜찮습니다, 약물요법도 쓰면서 충분히 휴식을 취하면 반드시 조금씩 여기에서 벗어날 수 있습니다". 이것은 우울증이라는 상태는 어느 정도 안정적으로 이어지는 것이며, 환자나 의사 모두 침착하게 이에 대응할 수 있기 때문에 초조해할 필요가 없다는 의미이기도 하다.

그런데 최근의 우울증은 기분이나 상태가 숨 가쁘게 변하기 때문에 "우선 1개월 동안 해봅시다"라는 식으로 치료

계획을 세울 수도 없다. 지난번 진찰을 받은 이후 일주일 사이에도 자신감이 느닷없이 높아졌나 싶으면 또다시 죽고 싶을 정도로 침울해지는 식으로 격렬한 감정 기복을 드러내는 케이스가 적지 않다.

하지만 변하는 것은 기분이나 사고방식만이며, 현실적인 사태는 그다지 기복이 없다. 거울에 비친 얼굴이 부기 浮氣조차 없는 것으로 보이든, 너무나 빛나는 얼굴로 보이든, 그것은 이쪽에서 어떻게 보이는가의 문제이지 실제로 존재하는 자신의 얼굴에는 그 정도의 차이가 없을 것이다. 그런데 자신의 기분이 조금 달라지는 것만으로 세상이나 인생이 진정 장밋빛으로 보이다가도 캄캄절벽이 되기도 한다. 그것은 착각에 불과하겠지만 착각이나 지레짐작은 때때로 자신을 파멸로 몰고 가거나 세계를 분쟁에 휘말리게 하기도 한다.

사회로부터 '거대한 이야기'가 사라진 지금, 일정한 감정이나 기분을 계속 유지하는 것은 누구에게든 힘든 일이다. 하지만 감정이나 기분이란 어디까지나 주관적인 것임을 잊지 않는다면, 그때의 자신의 눈에 비친 세계를 '이것이야말로 유일무이한 현실'이라고 굳게 믿으며 '그것 때문에 회사를 그만둘 수밖에 없다', '이젠 이혼밖에는 없다', '오늘만은 철저하게 상대방을 공격해주겠다'라는 극단적인 결론을 내는 것 정도는 피할 수 있을 것이다. 그리고 자기 주변에 감정 기복이 심해 그때마다 극단적인 언동밖에는 못 하는 사람이 있다 해도, 적어도 그에 휘말려서 같이 동요하지는 않을 것이다.

기분은 변하기 쉬운 것이며, 그것을 멈추는 것은 용이하지 않다. 하지만 기분이 지배하거나 결정하는 영역은 최대한 적게 하는 편이 좋을 것이다. 나아가 기분이나 감정 우위의 행동을 취하는 사람에게 영향받을 기회는 되도록 적게 하는 편이 좋다. 아무리 '기분이 변하기 쉬운 시대'가 돼도 이 원칙만은 변하지 않을 것이다.

"고맙습니다"가 답답해서 견디기 힘들다

총리 취임 당초부터 정기적인 이메일 매거진을 발행했던 고이즈미 준이치로小泉純一郎 씨. 마지막 호가 된 제250호는 이런 말로 끝을 맺고 있었다.

"현재의 저의 심경을 단가短歌(5·7·5·7·7음으로 이뤄진 일본의 전통 정형시-역자 주)로 표현해봤습니다.

「고맙습니다. 지지해주셔서 고맙습니다. 격려 협력 오로지 그저 감사」

이메일 매거진 애독자 여러분, 그리고 국민 여러분, 5년간 고맙습니다."

그리고 이 이메일 매거진을 발행한 다음 날 총리 관저를 떠나는 고이즈미 씨는 여기서도 "고맙습니다, 고맙습니다"라고 감사 표현을 연발하면서 손을 흔들었다고 한다.

단가를 전문적으로 잘 부르는 한 친구는 총리의 단가를 보고 "머릿속에서 쫓아내버리고 싶다"고 말했는데, 이 정도로 문학성이 없으면 반대로 머릿속에 깊이 남아버릴 지경이다. '이해하기 쉬움', '임팩트'를 신조로 삼고 있었던 고이즈미류 '원 프레이즈 정치One Phrase Politics'도 여기서 그 최고조에 도달했는지 모른다. 하지만 오페라나 가부키를 사랑하는 문인 재상이 어째서 교통안전 표어 같은 단가를 쥐어 짜내는 것일까. 아베 총리는 '아름다운 국가'를 지향한다고 하는데, '이것이 전 총리가 만든 단가 작품'이라고 해외 미디어에 소개되고, 일본의 전통문화인 단가도 어차피 이 정도에 불과한 거라고 여겨지면 어떻게 대처할까.

참고로 총리 교체로부터 얼마 되지 않아 발매된 인기그룹 SMAP의 신곡 타이틀도 「고맙습니다ありがとう」다. 가사에는 이런 말들이 이어지고 있다.

"내가 울렸던 사람도 많다.

이젠 더 이상 보고 싶지 않은 엄마의 눈물.

이런 나조차 버리지 않았다.

이렇게도 멋진 사람들이 옆에 있어주었다.

고맙습니다(잊지 마 미소, 잊지 마 눈물).

고맙습니다(내가 제일 좋아하는 말, 내 소중한 사람). (중략)

아주 작은 행복이어도 좋아.

우리들에게 언제까지든 계속되기를."

최근 '당신은 수호령에게 보호받고 있다'는 심령주의에 근거해 이른바 영성 계열의 삶을 표방하는 책들이 유행하고 있다고 앞서 언급(104쪽)한 바 있는데, 거기에도 '감사하는 것의 소중함'이 집요할 정도로 강조되고 있었다. 인터넷 게시판에는 "자칫 감사의 마음을 잊어버리곤 했습니다만, 앞으로는 매일매일 오로지 감사하면서 꿈을 향해 더 노력하겠습니다." 등등의 독자 감상 메시지가 적혀 있다.

하지만 일국의 총리에서 인기그룹 멤버, 영적 능력을 가진 사람에서 일반인들까지, 느닷없이 하나같이 "고맙습니다, 고맙습니다"를 연호하는 느낌이다. 도대체 어째서일까. 그리고 이런 현상은 본인이 "고맙습니다"라고 감사하는 것만이 아니라 다른 사람들에게도 "고맙다고 감사해야만 한다"라는 분위기를 만들고 있는 것 같다.

오늘날의 사회에서 살아가고 있는 많은 사람들은 실제로는 '감사하라고 해도 순순히 입에 담을 수 없다'라는 심경이지 않을까. 수입은 줄고, 생활은 계속 힘들어지며, 의료나 간병에 대한 불안감도 있다. 매일같이 먹는 식품들도 걱정이고, 연금이나 제대로 받을 수 있을지 모르겠다⋯. 이런 상태라면 "고맙습니다"라고 말할 마음의 여유는 도저히 가질 수 없을 것이다.

그에 대해 "감사하는 마음을 가지자"고 권하는 논리의 대부분은 다음과 같이 말한다. 나날의 생활 속에서 사소한 불안감이나 걱정이 있다손 치더라도 어쨌든 이 세상에 태어났다는 것 자체가 기적이므로 우선은 그에 대해 감사해야 한다. 그리고 설령 최고의 인생을 살아가고 있지는 않더라도 일단은 자신 가까이에 가족이나 친구가 있다면 그 사람들에게 '고맙습니다'라는 마음을 가지면 된다. 이것 자체는 어떤 의미에서 정론이다. 하지만 그 내실은 '설령 행복하다 할 수 없는 상태라 해도 감사해야 마땅합니다'라는 메시지가 돼버린다.

1990년대 이후 어덜트 칠드런 등 '당신은 나쁘지 않아요, 나쁜 건 부모 쪽입니다'라는 사고에 바탕을 둔 심리학적 개념이 주목받았다. 인생이 뜻한 방향으로 가지 않아 '이건 내 책임일까'를 고민하는 사람들에게, 일단 '당신 탓은 아니다'라고 책임을 면하게 해주는 이러한 개념들은 하나의 구제책이 됐다. 하지만 그 움직임이 다소 지나쳐 자신의 부모에 대해 증오를 퍼붓는 『일본에서 가장 추악한 부모에게 보내는 편지日本一醜い親への手紙』(Create Media 편집, 미디어워크스メディアワークス, 1997년) 등이 베스트셀러가 되기도 했다. 이 책에서도 몇 번인가 언급했지만, 극히 최근에는 자신이 마음의 병을 앓아도 "상사가 이해심이 전무

하기 때문"이라며 모든 잘못을 타인의 탓으로 돌리고, 주위에 있는 누군가를 질책하는 사람들도 늘어나고 있다.

그런 일련의 흐름과 '감사하는 마음을 가지세요', '태어나줘서 고맙습니다'라는 메시지가 많아진 흐름을 이어본다면, 어쩌면 이런 것이 되지 않을까. 요컨대 '당신 탓이 아니다'라고 면책을 주장하는 움직임이 너무나 강해지자 그 반동으로 자기책임론과 함께 '말도 안 되는 부모로 보여도 그 부모를 택해 이 세상에 태어난 것은 당신 자신. 감사하다고 하세요'라는 이른바 '감사를 권장함'이란 현상이 출현한 것이다.

물론 그런 상황이 되면 일방적으로 공격을 받고 있던 부모나 상사는 자식이나 부하가 해준 "고맙습니다"라는 말로 구제받았을 것이다. 그러나 동시에 아무리 힘겨운 상황이라도 일단은 감사하라는 메시지에 의해 본래 가족이나 사회, 혹은 당시의 권력에 대해 가져야 했을 의문, 마땅히 해야 할 항의도 입 밖에 내지 못하고 '이것도 운명이다'라고 받아들이고 마는 사람도 늘어나버리지 않을까. 그런 '고맙습니다'의 강요는 결국 고통을 짊어지는 것은 당신일 뿐이라는 자기 책임에 대한 사고방식으로 이어지게 된다.

하긴 일국의 총리로 있다가 임기를 만료하면, 혹은 일
본에서 가장 인기 있는 그룹이 되면 누구든 상관없이 "고
맙습니다"라고 감사의 말을 남발하고 싶어질지도 모른다.
하지만 그런 처지에 놓여 있지 않은 사람까지 '나는 지금
상황에 만족해야 한다'라고 생각할 필요는 없을 것이다.

물론 주위 사람을 원망하거나 증오하는 것보다는 조금
이라도 좋은 측면을 발견해 서로서로 "고맙습니다"라고
말해준다면 평소 생활은 더 원만해질 것이다. 그러나 "불
만을 품은 내 잘못"이라며 입을 다물고 무리할 정도로 "고
맙습니다"라고 말할 필요는 없다. 고맙지도 않은 장면에
서는 역시 "고맙지 않습니다"라고 말해도 무방하다.

참고로 국민에 대한 감사의 연호로 끝났던 고이즈미 씨
의 이메일 매거진 운영비는 놀랍게도 7억 엔이 넘었다고
한다.

아무도 나를 소중히 대하지 않는다

내가 레지던트로 일하던 무렵 근무하고 있던 정신과 병
원에는 20년, 30년이나 장기 입원해 있던 환자가 많았다.

그들 대부분은 병이 깊어 퇴원할 수 없는 것이 아니라 환자를 받아줄 사람도 없고 혼자서 살아갈 생활력도 없기 때문에 퇴원할 수 없는, 이른바 '사회적 입원자'였다.

입원 중 암 같은 신체적 질환에 걸려 병원 내의 내과 의사에게 치료를 받으면서 그대로 입원병동에서 돌아가시는 분도 있었다. 돌아가실 날이 얼마 남지 않게 되면 오랫동안 면회하러 오지 않는 친족에게 전화로 그 사실을 알리는데, 면회 거부는 물론 "돌아가서도 연락하지 않으셔도 무방합니다. 그쪽에서 관청 사람들과 의논해서 적당히 처리해주세요"라고 차갑게 내뱉는 친족들도 있었다. 생명이 스러져가는 환자의 병상에 선 채, 나는 '사회로부터 오랫동안 격리되고, 그 죽음을 슬퍼하는 이 하나 없는 이 사람의 일생이란 도대체 뭐였을까' 하는 허무한 심정에 빠져들었다. 하지만 거기서 나는 '잠깐만. 적어도 이 사람을 위해 허무한 기분이 되는 인간은 딱 한 사람은 있는 거네'라는 사실을 깨닫고 그 순간 '허무한 인생'이라는 생각은 조금 사라져갔다.

이런 환자만큼 심각한 상황은 아니겠지만, 심정적으로는 이런 환자와 거의 다를 바 없다는 사람도 있을 것이다.

"누구도 나를 보살피지 않는다", "아무도 나를 소중히 대하지 않는다"라는 호소는 진료실이나 대학에서 자주 듣는다. 그들 가운데는 실제로 고독한 사람도 있지만, 대부분은 주위에 가족들이나 동료가 있는데도 자신은 진정한 의미에서 이해받지 못하고 있다고 생각한다.

그렇다면 그들이 말하는 '(나를) 소중히 대한다'란 과연 어떤 의미일까. 가족들 안에서 고독하다고 호소하던 한 젊은 여성에게 물어보았다. 그러자 이런 답변이 되돌아왔다. "어떤 일이 생겨도 나만은 전면적으로 당신 편이라고 말해주는 것일까요?" 그러나 "그럼, 당신은 그 사람에 대해서도 같은 방식으로 편을 들어줄 수 있습니까?"라고 물어보았더니, 그녀는 곤란하다는 표정을 지으며 "그건 때와 장소에 따라 다르지요. 상대방에게 대가를 원하는 것은 소중히 대하는 게 아니지요"라고 대답했다. 아무래도 '(나를) 소중히 대한다'란 말은 한쪽이 한쪽에게 일방적이어야 하고, 대가나 보상도 없어야 할 듯하다.

하지만 인간의 현실 생활 안에서 '일방적이고 대가 없는 관계성'은 거의 있을 수 없다. '어떤 죄인도 사랑하신다'는 신의 사랑이 그에 가장 가까울지 모르겠다. 설령 부모·

자식 사이에서도 부모가 아이를 일방적으로 사랑하는 것 같지만, 실은 '나는 부모로서 내 책임을 다하고 있다'는 자기긍정감이나 만족감을 얻고 있는 경우가 적지 않을 것이다. 그 때문에 더더욱 부모는 자녀에게서 "낳아달라고 부탁한 적 없거든", "당신 따위가 부모냐?"라는 말을 들었을 때 가장 깊게 상처 입는다.

그렇다면 대가가 있는 사랑이나 이해는 정말로 무의미할까. 그것 역시 아니라고 생각한다. 예를 들어 정신과 의사는 환자에게서 치료비를 받아 환자의 이야기나 내면을 수용하고 이해한다. 그렇다면 그 과정에서 환자가 품게 될 '나를 이해해주는 사람이 있다'라는 감각은 거짓일까? 그렇지는 않다. 그런 감각을 바탕 삼아 환자는 세계나 주위 사람에 대한 신뢰를 되찾는 경우도 있기 때문이다. 환자는 의사에게 돈을 주고, 의사는 그 대가로서 환자를 이해한다. 언뜻 보면 타산적인 인상마저 주는 이런 관계 속에서도 인간은 '나는 받아들여졌다'라는 감각을 취득할 수 있는 것이다.

그렇게 생각한다면 정신과 의사에게나 카운슬링에 대해 요금을 치르는 대신 '상대방을 소중히 대한다'는 행위를 우선 시도해보고, 그 대가로서 상대방이 자신을 받아들여주는 것도 가능할 것이다. 핵심은 '(내가 상대방을) 소중히 한다 / (상대방이 나를) 소중히 대한다'라는 '기브 앤 테이크'의 관계다. 이것에 대해 탐색하는 편이 거의 환상에 가까운 '일방적이고 대가 없는 관계성'을 추구하는 것보다 훨씬 실현가능성이 높지 않을까. 그리고 이렇게 멀리까지 돌아가서 생각할 것 없이 '상대방이 나를 소중히 대하길 바란다면 상대방에 대해서도 소중히 대해야 한다'는 것은 지극히 당연한 일일 것이다. 거기서 "이 사람이 나를 소중히 대하는 것은 내가 상대방에게 그렇게 해주고 있는 것에 대한 보상에 불과하다"라며 그 가치를 저평가할 필요도 전혀 없다.

입원 중인 병동에서 그 누구의 보살핌도 없이 홀로 생명을 잃어가는 환자는 어떨까. 그는 분명 이해하기 쉬운 형태로는 친족에게 뭔가를 줄 수 없었기 때문에 친족도 결국 그를 소중히 대하지 않았던 것일지도 모른다. 하지만 같은 병실의 환자 동료들은 그의 상태를 걱정했고, 내과 의사나 담당 간호사도 할 수 있는 최선을 다해 간병했다. 그리고 그가 숨을 거두었을 때는 제각각 조용히 애도해 마지 않았다. 거기에 있었던 것은 대가 없는 사랑도 이해도 아니었겠지만, 결코 그는 모든 사람들에게 소홀한 대접을 받았던 것은 아니었다. 애당초 어느 누구에게든 소홀한 취급을 받아도 좋을 사람은 없으며, 언뜻 보기에 그런 취급을 당하고 있는 것처럼 보이는 사람이라도 반드시 누군가가 다른 형태로 그를 소중히 대하고 있을 것이다.

'나는 모든 사람들로부터 버림받았다'는 생각을 떨쳐내지 못하는 사람을 위해 인간은 종교라고 하는 최대의 예지를 탄생시켰다. 신이나 부처를 직접적으로는 믿지 않는 사람도 때로는 아무런 대가를 바라지 않고 자기도 모르게 타자에게 "괜찮나요? 뭐든 해드릴까요?"라고 말해버리는 경우가 있다. 신앙을 가지고 있지 않아도 사람들은 이런 '종교적 자세'를 취하는 것이라면 가능하다. 이 역시 종교의 위대한 가르침 중 하나이지 않을까?

무인도에서 혼자 지내며 그 누구도 그 존재조차 알지 못한 채 생을 마친 사람이 있었다고 하자. 그 사람은 누구한테서도 사랑받지 못했기 때문에 살아간 의미가 없었을까. 이런 질문을 받으면 대부분의 사람들은 "아니요, 그래도 그의 인생에는 의미가 있을 거예요"라고 답할 것이다. 그것도 신앙과는 다른 형태의 종교적 자세이지 않을까?

　세계와 어떻게든 이어지기 위해 인간은 온갖 제도를 만들어냈다. 가족, 학교, 일, 그리고 종교. 이러한 모든 것들이 '나는 혼자가 아니다'란 사실을 인간이 확인하기 위한 시스템이라고 생각할 수도 있다. 반대로 생각해보면 그런 것들로 서로 이어져 있지 않으면 인간은 쉽사리 '나는 혼자다', '아무도 나를 소중히 대하지 않는다'라는 생각에 사로잡혀버릴지도 모른다. 병동에서 친족들에게마저 버림받은 채 생을 마친 사람도 진정으로 고독한 것은 아니었으며, 그의 삶 역시 무의미한 것은 아니었다. 자기보다 불행한 처지에 놓인 사람들과 비교해서 안심한다는 것은 갈등의 해결법으로서 그다지 권할 만한 것은 아니지만, 이 경우엔 '그조차 소중한 대접을 받았으니 나 역시'라고 생각해도 용서되지 않을까.

6. 성실히 살아왔는데
– 사회·인생 편

성실히 살아 손해를 봤다

요즘 몇 년간 진료실에서 기존에는 없었던 타입의 우울증 환자를 진찰할 기회가 늘었다. 맨 처음 그런 우울증 관련 변화를 눈치챘던 것은 이제 막 2000년이 된 시기였던 것 같다.

40대 중반의 여성이었다. 옷차림도 흠잡을 데 없이 단정했고, 너무나도 착실해 보이는 인상이었다. 옷이나 가방을 보면 그 나름대로 멋쟁이라는 느낌도 들었다.

대학을 졸업한 후 줄곧 공립도서관에서 사서로 지내고 있다는 그녀는 "업무 집중도가 떨어지고 실수도 많다"며 고개를 떨군 상태로 호소했다. 나는 올곧고 꼼꼼한 타입의 사람으로 너무 일을 열심히 해서 우울증에 걸리게 된 전형적인 예일 것이라고 섣부른 판단을 한 뒤 이렇게 물었다. "일이 상당히 바쁘세요?" 그랬더니 그녀는 "그렇다"고 말했다. 내심 "역시 그러면 그렇지"라고 생각하고 "최근 들어 특히 바빠진 겁니까?"라고 되묻자, "아니요, 정말로 바빴던 것은 몇 개월 전인 연말이었습니다. 지금은 일단락돼 안정된 상태입니다"라는 기묘한 답변이 되돌아왔다. 이것은 그냥 업무 과중 때문이 아니라고 생각하고 좀 더 자세한 상황을 물어보자 그녀의 입을 통해 나온 것은 놀랄 만한 이야기였다.

지난해 연말 바쁜 시기가 끝나고 새해가 시작돼 30대 남성이 다른 부서에서 이쪽 부서로 옮겨왔다. 그 역시 매우 일을 열심히 하는 타입인데, 딱 한 가지 곤란한 점이 있었다. 이전 부서에서 가지고 온 일들을 계속 처리하면서 좀처럼 지금 당장 이 부서에서 해야 할 업무를 시작해주지 않는 것이다. 심지어 이전 부서의 상사에게 물어봤더니 그가 전 부서에서 갖고 온 일거리는 상사가 명령한 것이 아니라 그가 자발적으로 계속하는 것이었다.

"아무리 지금 부서의 업무가 아니라고 해도 도서관 업무를 하고 있는 것은 사실이니까요. 저도 그의 현재 상사로서 주의를 줘야 할지 아닐지 판단이 어려웠어요."

심지어 그렇게 자신의 의사로 이전 부서에서 하던 업무에 계속 몰두하는 그의 입으로부터 "지쳤다", "힘들다"라는 말이 나오는가 싶더니, 아니나 다를까 느닷없이 출근을 하지 않게 됐다. 그리고 그다음 날 직장에 나타났을 때 그의 손에는 정신과 의사로부터 받은 '스트레스성 우울증으로 3개월간 자택 요양을 필요로 한다'라는 진단서가 들려 있었다.

다른 부서 사람들은 그의 과로의 원인이 이전 부서에서 가지고 온 일 때문이라는 사실을 알지 못한다. 심지어 휴직 중인 그가 '기분 전환'이라는 명목으로 캠프나 해외여행을 하러 돌아다니고 있다는 이야기도 들어버렸다.

"그가 저희 부서에 오고 나서도 실질적으로는 줄곧 제가 그의 몫의 일까지 대신해줘가며 감싸줬는데 오늘에 와서 '그 상사가 일을 하라고 압박을 해서 우울증에 걸렸다'는 소리까지 듣고 있습니다. 도대체 무엇 때문에 그를 도와줬나 싶은 생각이 들면, 산더미처럼 쌓인 서류들 앞에서 눈물이 멈추지 않아서…."

집중력이나 의욕 저하, 비애감 등의 증상을 보면 그녀도 의학적으로는 우울증 상태라고 진단받을 것이다. 그 원인은 분명 '업무 과다'이긴 하다. 하지만 자신에게는 아무런 잘못도 없는데 '부하의 우울증'이라는 또 다른 원인이 얽혀 있다. 주위에 있는 상사조차 우울증에 휩싸이게 하는 이런 종류의 부하의 우울증이 종래의 우울증과는 이질적인 새로운 우울증이라고 여겨졌다.

자신의 의사에 따라 자기가 하고 싶은 업무에 매달렸을

뿐이다. 아무도 강요하지 않는데 너무 열심히 하더니 어느 날 갑자기 "이젠 안 되겠어요"라며 우울증 진단서를 받아 장기 휴가에 들어간다. 휴가에 들어간 후에도 여행이나 레저 등 자기 멋대로라고도 보일 수 있는 행동을 계속한다. 물론 그도 의학적으로 진단하면 우울증이란 것이 맞을지도 모른다. 하지만 해당 우울증은 '주위 사람들을 지나치게 배려하고, 자신의 마음보다 조직이나 회사를 우선시하며, 걸핏하면 자기 자신을 탓한다'는 성격적 경향을 가진 사람이 걸리기 쉬운 종래의 우울증과는 상당히 다르다. 간단히 말하자면 타인과의 관계, 조직 안에서의 자기의 위치 등과는 무관한 '자기중심적인 경향이 강한 우울증'이라고 표현할 수 있다. 의학적으로는 우울증의 분류 안에서 '기분부전증', 혹은 경증이지만 길어지는 '반응성 우울증'이라고 불리는 타입에 해당한다고 여겨진다. 어쨌든 이 종류의 우울증에서는 본인이 괴로운 것은 분명하지만, 주변에서 그를 도와주거나 뒤를 닦아주는 사람도 상당히 괴롭다.

심지어 우울증에 걸린 동료나 부하에게 동정하면서도 "일하러는 가지 못하지만 레저라면 갈 수 있다"는 따위의 이야기를 들을 때마다 "도대체 뭐지?", "왜 내가 휴일까지 반납해가며 그 몫의 일을 해야만 하는 거지?"라고 불합리함을 느끼지 않고는 견딜 수 없게 된다. 당연한 일이다. 그렇게 가혹한 노동을 계속하다가 어느 날 문득 정신을 차리고 보면 본인까지 완전히 에너지를 소진해서 우울증에 걸린다. 부하의 우울증에 더해지는 형태의 이차성 우울증이라고 부를 수 있는 케이스도 요 몇 년 동안 증가하고 있다는 인상을 받는다. 두 번째로 증상이 발생하는 사람들의 우울증은 '자기중심적인 경향이 강한' 타입이 아니라 '소진' 타입이다.

아마도 이것은 진료실에 국한된 이야기는 아닐 것이다. 앞서 '젊은이처럼 요령껏 대처할 수 없다'는 부분에서 언급했던 것처럼, 지금 사회의 여기저기에서 여태까지 착실하게 '자신의 욕망보다 주위의 화합이나 조직을 위해'라는 대의명분에 따라 계속 노력해왔던 사람들은, 일하는 현장에서 타인과의 관계나 조직 속에서의 역할에 무게를 두지 않고 자신이 말하고 싶은 대로 말하고 하고 싶은 대로 하는 젊은 세대의 출현에 어쩔 수 없는 시대적 흐름을 느끼면서도 마음 깊숙한 어딘가에서 부조리함을 느끼고 있을지도 모른다.

"자기가 하고 싶어서 하는 것은 상관없지만 거기서 좌절했을 때의 뒷감당은 결국 우리들이 해야 하는 거잖아."

'자기 책임의 시대'라는 말이 유행하는 한편, '직장에서 자기주장을 하는 것은 당연한 권리'라는 분위기도 고조되고 있다. 앞서 언급했던 것처럼(158쪽), 멘탈 헬스 계몽에 의해 "우울증은 누구나 걸리는 '마음의 감기'니까 당당히 신고합시다"라는 목소리를 자주 듣게 됐다. "어차피 나 따위"라면서 혼자 끙끙거리지 말고 자기주장을 똑바로 하는 것도, 혹은 이미 우울증에 걸려버린 사람이 휴가를 잘 얻는 것도 양쪽 모두 중요한 일이다.

하지만 직장의 인원도, 회사 전체에서 일할 수 있는 사람도 한정돼 있기 때문에 누군가가 뒤를 봐주지 않으면 안 된다는 것 역시 사실이다. 그래서 결국 잘 참는 사람, "나도 지쳤어요"라고 목소리를 높이는 것이 늦는 사람들이 그 역할을 떠맡게 된다.

"착실하게 일한 사람이 보상을 받는 게 성과주의 사회야"라고 정치가나 재계의 사람들은 말하지만, 지금 사회는 그런 구조가 아니라고 할 수 있다. 요령이 좋은 사람,

혹은 애초부터 좋은 환경에 있던 사람이 보상을 받을 뿐이다. 착실한 사람들은 아무리 시간이 지나도 그 그늘에서 손해만 보는 역할을 계속 떠맡을 뿐이다. "여태까지는 최선을 다해 제멋대로인 부하를 보살펴왔습니다. 하지만 이미 한계입니다"라며 진료실을 찾아오는 사람들이 늘고 있는 것 같다. 앞으로 사회 속에서도 "어째서 나만 고생해야 하나요. 말도 안 돼요. 이제 그만둬야겠네요"라고 반란을 일으키는 착실한 노력가들이 늘어갈지도 모른다. 그것이 어떤 일정 수치를 넘으면 사회는 일거에 뿌리부터 흔들리기 시작할 것이다.

　힘들 때는 "힘들다"고 말할 수 있는 사회. 그것은 필요하다. 하지만 거기에는 '손해를 보는 사람이 나오지 않고, 모든 사람이 그렇게 말할 수 있는'이라는 단서조항이 붙어야 한다. 그리고 '묵묵히 도와준 사람이 손해 보지 않는 구조도 필요하다'라는 더 중요한 단서조항이 붙어야 함은 물론이다.

'편리한 세상'에 따라갈 수 없다

새로운 용어나 단어 중에는 태어나자마자 매스미디어에 의해 눈 깜짝할 사이에 유통돼 마치 옛날 옛적부터 있었던 것 같은 얼굴로 활개를 치기 시작하는 것도 있다. 임상심리학 세계에도 '어덜트 칠드런', '스토커', '가정 내 폭력Domestic Violence' 같은 새로운 개념이 속속 등장해서 충분한 토의도 거치지 않은 채 기존에 있던 사실처럼 돌아다니는 경우가 있다. 2006년 가을, 아베 총리의 소신 표명 연설에서도 '이노베이션', '컨트리 아이덴티티' 등 외래어나 신조어가 다수 사용돼 화제가 됐다.

신조어나 외래어의 특징은 특히 그것이 새로운 기술이나 컴퓨터와 관련돼 있으면 잘 알지 못하는 사람들에게 쑥스러운 느낌, 부끄러운 마음이 들게 해버린다는 점에 있다. 나아가 그것이 그냥 말에 그치지 않고 은행이나 역 등에 있는 시스템과 연결돼 있을 때는 '모르는 것'은 '사용할 수 없는 것'이 되며 실제로 불편함도 발생한다. 고령자가 역에 설치돼 있는 터치패널식 신형 티켓발매기 앞에서 멈춰선 채 어쩔 줄 몰라 하는 모습은 결코 보기 드문 광경이 아니다.

나는 새롭게 도입된 기술이나 새로운 상품을 좋아하는 편이어서 설마 기계 앞에서 멈춰선 채 어쩔 줄 몰라 하는 경우는 없을 거라고 내심 자부하고 있었다. 그런데 마침내 그런 날이 오고야 말았다. 공항 티켓발매기에서 비행기 표를 구입하려고 하는데, 잘되지 않아서 가까이에 있는 담당자에게 물어보았다. 그러자 "웹 체크인은 하셨는지요?", "Edy 기능이 탑재된 카드로 구입하시는지요?" 등등 반대로 질문을 당하는 형국이 됐다. 하지만 도무지 그 의미를 알 수 없었다. "죄송합니다, 제가 잘 모르겠는데요"라고 말하면서 스스로 시대에 뒤처지고 있다는 한심한 느낌이 들었다. 어쩌면 컴퓨터를 사용하지 않는 시니어 세대는 TV에서 매일같이 '지금 당장 검색 윈도에서 체크!', '쓰기 쉬운 IT 솔루션을 찾아' 등등의 표현이 들려올 때마다, 혹은 은행이나 병원의 '자동 ○○ 시스템' 앞에서 당혹해할 때마다 "뭐지?", "어머나, 이것도 모르겠다!"라고 초조함이나 불안감을 느끼지 않을까.

미국의 심리학자 크레이그 브로드Craig Brod가 자신의 저서 『테크노 스트레스Techno Stress』(이케 히로아키池央耿·다카미 히로시高見浩 번역, 신초샤新潮社, 1984년)에서 '테크노 스트레스 중

후군'이라는 개념을 발표한 것은 지금으로부터 오래전인 1984년의 일이다. 이 테크노 스트레스에는 두 종류가 있다. 테크놀로지나 컴퓨터를 완벽히 소화해서 사용할 수 없기 때문에 발생하는 '테크노 불안증'과 지나치게 새로운 기술에 적응함으로써 일어나는 '테크노 의존증'이라고 한다.

이 중 테크노 불안증이란 컴퓨터에 익숙하지 않은 사람이 무리하게 그것을 다루고자 하다가 두근거림, 호흡 곤란, 어깨 결림, 현기증 등의 신체적 증상이나 불안감, 우울함 등의 정신적 증상을 일으키는 것을 말한다. 크레이그 브로드 자신은 이런 테크노 불안증에 빠지기 쉬운 것은 "업무를 처리하기 위해 느닷없이 컴퓨터를 사용해야만 하는 중·장년 화이트칼라"가 아닐까 추측하고 있다.

하지만 앞서 서술한 대로, 바야흐로 컴퓨터 그 자체나 그것을 사용한 기술 없이는 업무는 물론 은행에서의 계좌이체나 역에서의 차표 발매 따위의 일상생활마저 불가능한 상황이 됐다. 테크노 불안증은 이제 브로드가 지적한 '컴퓨터를 따라갈 수 없는 일부 중년 비즈니스맨'에게만 국한된 것이 아니라, 거의 모든 사람들에게 친숙한 문제가 되고 있는 것이다.

아마도 앞으로는 인터넷이나 휴대전화를 충분히 소화하지 못한다면 은행 계좌 이체나 티켓 구매는 고사하고 재해 정보나 기상 정보의 입수조차 쉽지 않은 시대가 될지도 모른다. 최근에는 눈으로 뒤덮인 산에서 조난당할 뻔한 사람들이 휴대전화로 연락해서 구출된 케이스와 같은 일이 늘고 있다. 역으로 생각해보면 휴대전화를 사용하지 않았더라면 그 사람들은 목숨을 잃었을지도 모른다는 말이 될 것이다.

컴퓨터 기술이나 정보통신기술이 생활 깊숙이 파고들어온 결과, 일시적으로 매우 화제가 됐던 '디지털화가 인간성을 빼앗는다'는 따위의 논의는 완전히 자취를 감춰버렸다. 아무리 "컴퓨터 문자에는 인간미가 없다"고 해본들 이제는 그것을 사용하지 않을 수 없기 때문이다.

하지만 실제로는 모든 것들이 디지털화되고 컴퓨터화되는 것이 정말로 인간을 행복하게 만들 수 있을까 하는 큰 문제에 대해서는 여전히 정확한 답변이 나오고 있지 않다. 예를 들어 최근 '테러 경계를 위해'라는 슬로건에 따라 공항의 소지품 체크나 신체검사가 엄격해지고 있는데, 금속탐지기의 정확도가 높아짐에 따라 아주 작은 것에도 반

응해서 신호음이 울려버린다. 그렇게 되면 창구 담당자가 반드시 매뉴얼대로 자신의 손으로 몸수색을 해야 하는데, 휠체어를 탄 장애인이나 지팡이를 든 고령자까지 "금속반응이 나왔기 때문에"라고 제지하며 신체검사를 당하는 것은 너무나도 측은하다.

아울러 대학 입학시험에서 2005년부터 도입된 리스닝 테스트에서도 한 사람 한 사람에게 배부된 작은 기계(IC 플레이어)의 조작이 번잡하거나 오작동이 발생해 수험생과 감독자에게 엄청난 부담이 되고 있다. "이러느니 교단에 놓인 카세트 라디오에서 문제를 들려주는 편이 앉아 있는 위치에 의해 다소 들리는 방식에 편차가 있다 해도 오히려 더 낫지 않을까? 수험생들도 조작 실수 같은 것을 걱정하지 않아도 되니 실력 발휘를 더 잘할 수 있지 않을까?"라고 말하는 감독자도 있었다.

물론 기술자나 연구자는 조금이라도 새로운 발명, 발견을 하고 싶다고 생각할 테고 그 결과 새로운 기술이 개발되면 사람들은 그것을 사용해보고 싶다고 생각할 것이다. 그런 흐름을 멈출 수는 없다. 하지만 모든 사람들이 그 정보를 입수해서 사용 방식을 익히고, 자연스러울 정도로 소화해내야 한다는 법은 없다. 또한 '모르는 사람'이나 '서툰 사람'이 이상한 열등감을 품거나, 혹은 그런 것들을 사용할 수 없기 때문에 불편함을 느끼는 일 없이 생활할 수 있는 사회여야 한다.

새로운 것을 아는 것은 나쁜 일은 아니지만, 그것만으로는 잘난 것도 훌륭한 것도 아니다. 새로운 테크놀로지를 완벽히 소화해서 사용할 수 있는 사람만이 활개 치고 살아갈 수 있는 사회란 본질적으로 잘못된 것이라고 생각한다. 오히려 '잘 모르는 사람들'이 "그건 뭐지요? 저는 전혀 모르겠으니 만약 꼭 필요한 것이라면 제대로 이해할 수 있도록 가르쳐주세요"라고 당당하게 말할 수 있는 분위기야말로 소중하다고 할 수 있다.

나는 아무 쓸모가 없다

2005년 여름, 한 여배우가 35세의 나이로 타계했다. 그녀의 이름은 하야시 유미카林由美香. 17년에 걸친 연기 경력을 가진 여배우로 출연 작품은 200편 이상이었지만 그 대부분이 이른바 '핑크 영화'로 불리는 성인 취향의 영화였다. 말하자면 신체적으로나 심적으로 하나같이 부담이 큰 역할이 많았다. 어떤 가혹한 설정이라도 그녀는 결코 "못 합니다"라는 말을 하지 않았다고, 많은 감독들이 과거를 돌아보며 입을 모아 말했다.

여배우 하야시 유미카는 그 사랑스러운 외모나 연기력 뿐만 아니라, 빠른 두뇌 회전에 문장이나 일러스트 센스까지 탁월해서 많은 영화 관계자나 팬들은 "일반인 대상 영화에서도 충분히 활약할 수 있다"고 계속 말했다. 그리고 실제로 그럴 기회가 있었음에도 그녀는 무슨 이유에선지 마지막까지 핑크 영화의 세계에 머물며 그야말로 말 그대로 '알몸 연기'를 계속했던 것이다. 오랜 세월에 걸친 혹사로 세상을 떠나기 전의 그녀의 심신은 그야말로 너덜너덜해진 상태가 돼 약물이나 알코올 없이는 쉴 수 없는 나날이 이어졌다고 한다. "그렇게까지 하지 않아도 그녀 정도라면 좀 더 쉽게 행복해질 수 있는 방법이 얼마든지 있었을 텐데"라고 그녀의 부고를 들었을 때 모든 사람들이 생각했다. 하지만 그녀는 마치 "편하면 안 돼"라고 누군가로부터 지시를 받은 사람처럼 가혹한 길만 계속 걸어갔다. 물론 취재나 이벤트에서는 "이 일을 좋아하거든요"라며 웃는 얼굴을 보여주는 서비스 정신도 잊지 않았다.

아마도 그녀는 그렇게 자신을 극한에까지 몰고 간 모습을 팬들에게 보여주는 것을 통해서만 '나는 다른 사람에게 도움을 주고 있다'는 실감을 얻을 수 있었던 게 아닐까 싶다. 좀 더 편하게 임할 수 있는 화보 촬영이나 에세이 집필 같은 것으로 팬들이 기뻐했다고 해도, 온몸으로 표현하는 영화만큼의 달성감은 느낄 수 없었을 것이다. 어쩌면 좀 더 편한 일로 기쁘게 하면 할수록 '이런 걸로는 송구스럽다'라는 죄책감이 깊어질 따름이었을지도 모른다.

'나는 누군가의 도움이 되고 있다'라는 느낌을 얻기 위해서라면 자기 자신이 닳아서 해질 때까지, 때로는 자신의 몸을 내던져 직접적으로 타인에게 서비스를 해야만 한다. 그렇게 생각하는 사람은 비단 하야시 유미카만이 아니다. 데스크에서 하던 일을 그만두고 이른바 물장사나 성매매 관련 업계에 발을 들여놓는 여성들 중에는 "돈 때문이 아니라 누군가가 기뻐하는 얼굴을 보고 싶거든요"라고 그 이유를 말하는 사람도 있다. 그녀들의 대부분은 그렇게라도 하지 않으면 자기 따위의 인간은 어느 누구에게도 쓸모가 없고 가치도 없는 인간이라고 지레짐작하고 있다. 낮은 자기긍정감을 어떻게든 메우기 위해 그녀들은 지나친 서비스를 하면서 자신의 심신을 혹사시키고, 손님인 남성이 자신에게 만족해하는 얼굴을 보려고 한다.

접객업만이 아니다. 최근에는 의료 관련 직업이나 복지 관련 일자리를 목표로 하는 사람들 중에도 비슷한 동기를 가진 사람이 적지 않다. 그 사람들은 '스스로에게 채찍질해서 누군가를 위해 헌신하는 것에 의해서만 스스로가 이 세계에서 가치 있는 존재로 이어질 것'이라고 굳게 믿고 있는 듯하다.

물론 그렇게 해서 누군가를 위해 헌신하고 싶다고, 다른 사람을 기쁘게 하고 싶다고 생각하는 심정 그 자체는 결코 나쁜 것이 아니다. 주지하는 바와 같이 봉사하는 사람들의 대부분은 상대방을 위해서만이 아니라 스스로에게 만족하고 싶어서 그렇게 하고 있다. 하지만 문제는 어째서 그렇게까지 하지 않으면 '스스로에게도 살아갈 가치와 권리가 있다'는 것을 받아들이지 못할 정도로 애당초 자기긍정감이 그렇게 낮은가 하는 점이다. 세상에는 사리사욕에 의해서밖에는 움직이지 않으면서 '나는 다른 사람들에게 도움을 주고 있다'고 진심으로 생각하고 있는 정치가도 많다.

평범하게 일하거나 생활하고 있는 것만으로는 자신의 가치나 의미를 확인할 수 없다. 뭔가의 계기를 통해 조금이라도 성공하거나 행복해지거나 하면 반대로 "이런 게 용서받을 수 있을까" 하고 죄의식을 느낀다. 심리학 해설서에는 이런 사람의 대부분은 어린 시절 부모로부터 충분한 사랑을 받은 적이 없어서 자기 자신에 대한 기본적인 신뢰 감정을 키울 수 없었다고 돼 있다. 그 때문에 더더욱 자신이 닳아 없어지더라도 타인을 위해 헌신하고, 그 사람이 감사하거나 기뻐하는 얼굴을 직접 봐야만 안심할 수 있다는 것이다.

'애정 결핍'도 분명 하나의 원인일지 모른다. 하지만 예를 들어 영국의 고 다이애나 전 황태자비는 양친의 이혼으로 어머니와는 어린 시절 헤어졌지만 아버지를 비롯한 친족들이나 양육 담당자 등 다양한 사람들에게 귀여움을 독차지하며 아무런 부족함이 없이 소중히 길러졌을 것이다. 그럼에도 그녀는 황태자와 이혼한 후, 직접 지뢰가 묻혀 있는 위험지대로 발걸음을 옮기며 '과격할 정도의 봉사활동'에 몰두했다. 한때는 세계적으로 칭송받았던 전 황태자비마저도 자기긍정감을 얻을 수 없다면 도대체 어느 누가

'나는 누군가에게 필요한 존재다'라는 자기 자신에 대한 신뢰를 얻을 수 있단 말인가.

'여태까지의 나로는 아무런 가치도 없다'는 감각을 가진 것 자체는 애정 부족에 의한 이상 상태라기보다는 현대 사회에서 오히려 극히 정상적인 게 아닐까. 반대로 '나는 정말 대단해'라는 근거 없는 자신감 쪽이 어떤 종류의 착각에 근거한 환상일 것이다.

하지만 일단 '나는 아무런 쓸모도 없다'는 자각을 얻은 다음 단계에서 그것을 어떻게든 만회하기 위해 초조해하며 '이대로라면 살아갈 가치마저 없어져버리는 게 아닐까'라고 당황해서 뭔가를 시작하는 대목에서 문제가 발생한다. 왜냐하면 "고맙습니다, 정말로 큰 도움이 됐습니다"라고 직접 감사의 말을 듣고, "아, 나도 다른 사람에게 도움이 되는구나"라고 생각해본들 거기서 얻어진 자기긍정감은 일순간의 것에 지나지 않기 때문이다. 그 효과가 다하면 "빨리 다시 한번 누군가로부터 감사 인사를 받아야 할 텐데" 하고 그다음 행동에 나선다. 그런 반복이 자기도 인지하지 못하는 사이에 심신을 닳아 없어지게 해버릴지도 모르기 때문이다.

'나는 어느 누구에게도 도움을 주지 못한다. 하지만 나에게는 일단 살아갈 가치가 있다'는 그런 전제 위에서 '그럼 무엇을 할 수 있을지'를 진지하게 생각해봐야 한다. 그리고 차분히 마음을 가다듬고 대책을 강구하면 직접 눈앞에 있는 사람에게 "고맙습니다", "기쁘네요"라는 소리를 듣지 않아도 사회에 도움을 줄 수 있다는 것을 이해할 수 있게 될 것이다. 그래도 '직접 뭔가 하고 싶다'고 생각하면 그것을 풀타임 직업으로 삼기 전에 주말 봉사활동 등 부분적인 형태로 실현할 수도 있다. 자신을 희생하면서까지 누군가를 위해 뭔가를 해본들 어느새 기대하고 있었던 것만큼의 기쁨은 얻을 수 없게 될 것이다. 그 시점에서 문득 그 사실을 깨닫게 됐을 때 이미 몸도 마음도 만신창이가 돼 있다면 아무짝에도 쓸모가 없다. '자신을 소중하게'라는 것은 귀에 못이 박이도록 들어온 말이지만, 결코 틀린 소리가 아닐 것이다.

어른이 되고 싶지 않다

진료실에 온 젊은 사람들이 때때로 하는 이야기 중에

"어른이 되고 싶지 않다"는 것이 있다. 어째서 그렇게 생각하는지 물어보면 돌아오는 대답이 "어른들은 순수하지 않으니까", "어른들은 교활하니까", "어른들은 시시하니까" 등이다. 요컨대 그들 내면에서는 무료하고 타산적인 데다가 순수함조차 잃어버린 것이 '어른'이라는 얘기가 될 것이다.

하지만 그들 대부분은 부모 집에서 얹혀 지내거나 부모님이 보내준 돈을 받아 생활하는 이른바 '파라사이트(성인이 됐지만 독립하지 않은 채 부모의 그늘에서 기생하는 자녀를 일컫는 신조어-역자 주)'이다. 그들은 그렇게 싫어하는 어른인 부모에게 적지 않게 의존하고 있다. 그리고 그 점을 그들은 잘 알고 있기 때문에 더더욱 어른에 대한 혐오감이나 거부감도 커지고 있을 것이다.

아울러 그들은 만원 전철을 타고 흔들리면서 출근하는 샐러리맨을 "참으로 한심한 인생이로군" 하고 경멸하는 한편, "나는 바로 그 한심하고 평범한 인생조차 불가능한 게 아닐까" 하는 두려움이나 자기 혐오의 감정도 드러내고 있다. 요컨대 지금의 자신은 '평범하지 않은 것'은 확실하지만 그렇다고 해서 '평범 이상'이라고 단언할 수 없다.

'평범 이상'은커녕, 어쩌면 '평범 이하'이지 않을까 공포마저 느낀다. 그렇다면 적어도 '일단은 평범하게 될 때까지 가보자'라고 생각하면 될 텐데, 그것마저 실패할지도 모른다고 지나치게 경계한 나머지 '평범하지 않다'는 선에 머물고자 한다.

1982년 일본에 번역서가 간행된 융 계열 심리학자인 마리 루이제 폰 프란츠Marie Louise von Franz의 『영원한 소년永遠の少年』(마쓰시로 요이치松代洋一・시이나 게이코椎名惠子 번역, 기노쿠니야쇼텐紀伊国屋書店, 1982년)에서 '영원한 소년'이란 '어머니에 대한 의존이 너무 강한 나머지 평범한 아이들보다 오랜 기간 사춘기 심리 상태에 머물고 있는 사람들'이라고 정의되고 있다. 마리 루이제 폰 프란츠는 일본의 현 상황을 꿰뚫어보고 있는 것처럼 다음과 같이 언급하고 있다.

"보통 이런 인간은 사회에 쉽사리 적응하지 못하며 어떤 종류의 잘못된 개인주의를 품고 있는 경우도 있다. 요컨대 자신은 어딘가 특별하기 때문에 사회에 적응할 필요가 없으며, 숨겨진 재능의 소유자에게는 적응 따위는 있을 수 없다는 것이다. 아울러 타인에 대한 오만한 태도도 보이는데 이것은 열등감과 잘못된 우월감에서 온 것이다. 이런 종류의 남성은 자신에게 맞는 직업을 발견하는 것이 매우 어렵다. 어떤 자리에 취직해도 결코 자신의 생각과 딱 맞는 자리라고는 생각되지 않을 것이다."

특별한 사람으로 있을 수 없다면 '보통'이나 '평범'에 안주하기보다는 오히려 'X'를 택한다는 말이다. 프란츠는 이런 '영원한 소년'의 전형적인 예로 생 텍쥐페리의 『어린 왕자』의 왕자를 들고 있는데, 오늘날에는 바야흐로 이런 젊은이들을 우리 주변에서 얼마든지 찾아볼 수 있을 것이다.

『영원한 소년』에서는 그들이 소년의 환상에서 벗어나는 계기로 다음과 같은 현실과의 만남을 예로 들고 있다. "역 앞 광장을 걸어가보면 어떤 얼굴도 얼빠진 듯하고 바보스럽지만, 쇼윈도에 자신의 얼굴을 비춰보면 자신 역시 그 이하는 아니더라도 그 얼굴들과 매한가지다!"

하지만 이런 일이 있어도 거기서 '특별한 존재라고 철석같이 믿는 것 자체가 실은 흔한 일이었다'라고 알아차릴 수 있는 사람이 실제로 얼마나 존재할까. 아마도 현대의 젊은이들은 쇼윈도에 비친 얼굴이 '얼빠지고 바보스러운' 것이었다고 한다면 "이것은 내가 아니다"라고 그것을 인정하려고조차 하지 않았을 것이다. "나는 저 자식들과는 달라! 똑같이 취급하지 마!"라고 격노하지 않을까.

프란츠는 같은 책 안에서 "현실 속으로 내려가라"며 '하강'의 필요성을 언급하고 있다. 어른이 되는 것은 역시 '비상'이 아니라 '하강'인 것이다. 하지만 그 하강은 실은 패배도 아니며 수치도 아니다. 반대로 "나만은 더럽혀지지 않은 존재란 말이지"라고 현실을 직시하지 않고 고독 속에서 계속 머물며 자기도 인식하지 못하는 사이에 자존감은 점점 낮아지고, 타자에 대해 배려나 헤아림을 가질 여유나 관용심도 잃어버리게 된다.

그렇다면 "어른이 되고 싶지 않다"고 주장하는 '영원한 소년·소녀'들에게 우선 "어른이 되는 것은 하강"이라고 현실을 전해준 후 "하강도 그리 나쁘지는 않아"라는 대목까지 과연 어떻게 납득시킬 수 있을까.

그러나 그 전에 또 하나 문제가 있다. 이미 '나는 어른이다'라고 생각하고 있는 사람 중에 '나는 하강하고 있는 것은 아니다'라고 생각하는 사람도 많을 것으로 추정된다는 사실이다. 나만은 하강이 아니라 비상을 해서 어른이 된 것이라고 생각하고 있는 사람들이 많은 한, 소년들은 '어른 따윈 되고 싶지 않아'라고 계속 생각할 것이다. 그들은

"그 사람들은 비상 따위는 하고 있지도 않으면서, 어른이 되면 그런 착각을 아무렇지도 않게 해버리나?"라며 어른의 거짓을 간파해버릴 것이다.

'메이드 카페Maid café(코스프레 레스토랑의 한 종류로, 직원들이 만화에 나오는 메이드 복장을 한 채 접대하는 양식의 카페-역자 주)' 등 '모에(모에의 어원은 '싹트다'라는 뜻의 일본어로 만화나 애니메이션, 비디오게임에 등장하는 캐릭터 등의 대상에 대한 사랑이나 열광, 매력, 호감 등의 의미로 쓰인다-역자 주)' 문화가 꽃을 피우고 있는 지금, '소년의 마음을 간직한 채 비상해서 어른이 될 수 있다'라는 환상이 지금까지 이상으로 퍼지고 있다. 2006년 자민당 총재선거 출마자의 거리연설은 애니메이션이나 게임 등 오타쿠 문화의 성지인 도쿄 아키하바라秋葉原에서 처음으로 진행됐다. 후보자 중 한 사람인 아소 다로麻生太郎 씨는 "아키하바라의 오타쿠 여러분"이라고 외치며, 『캡틴 날개キャプテン翼』등 일본의 애니메이션이 해외에서 얼마나 지지를 받고 있는지에 관해 긴 시간을 할애해 연설을 했다. 아소 씨는 결국 총재선거에서 다니가키 사다카즈谷垣禎一 씨를 물리치고 아베 신조安倍晋三 씨에 이어 2위를 차지했다. 아소 씨도 자기 자신의 삶의 방식이나 주장을

통해 '소년인 채로 비상해서 어른이 될 수 있다'는 환상을 형상화하려고 했던 것일까.

하지만 지금 필요한 것은 어른이 되는 것은 비상하는 것도, 소년인 채 이대로 있자는 것도 아니며 '하강해서 어른이 되는 것도 나쁘지 않을 것'이라는 메시지를 이제부터 어른이 될 사람들에게 전하는 일이지 않을까. 그를 위해서라도 '하강해서 어른이 돼 인생을 제법 즐겁게 보내고 있는 사람'이 좀 더 자신을 세간에서 어필할 필요가 있다. 주점에서 술에 취해 상사의 욕이나 하고 있는 것이 하강한 어른의 모습은 아닐 것이다.

앞으로 즐거운 일은 없을 것이다

진료실에서 때때로 "앞으로 살아 있어도 이 이상 좋은 일은 없을 것 같다는 기분이 든다", "하고 싶은 일들은 대략 다 해버렸기 때문에 여기서 인생을 마감해도 어느 정도 만족한다"라는 말을 듣는 경우가 있다. 그것도 70대나 80 대분들의 입에서가 아니라 20대나 30대의 젊은 층으로부터다.

그들의 대부분은 부유층도 아니거니와 생활이 궁핍한 사람들도 아닌, 이른바 '평범한 사회인이나 가정주부'다. 인생 경험도 그다지 풍부하다고 말할 수 없고 도저히 "모든 것을 다 해보았다"고 말할 수 있는 상황이 아니다. 그들에게 "여태까지 해본 즐거웠던 일, 해보고 싶었던 일이란 무엇입니까?"라고 물었더니 되돌아온 답은 "취직할 수 있었던 것"이라든가 "맨션을 산 것", 혹은 "하와이에 갔던 것" 등을 꼽았다. 그래서 "해외는 하와이 말고도 여기저기 많지 않을까요?"라고 물었더니 "어디를 가도 다 거기서 거기겠지요"라는 말만 되돌아왔다.

　아마도 그들은 "무엇과 무엇을 했으니 이제 내 인생에 미련은 없다"라며 구체적인 결의를 말하고 싶은 것이 아니라 '어쩐지 즐거운 시기는 이미 끝나버렸다'라는 막연한 기분을 표현하고 싶었던 것뿐일지도 모른다.

　그래도 신기한 것은 그들 중에는 결혼해서 아이를 가진 사람도 적지 않았다는 사실이다. 자기는 "취직해서 보람 있는 일도 했고, 아이가 태어나는 기쁨도 맛보았다"며 완전히 만족하고 있었다. 만일 거기서 인생이 끝나버리거나 사라져버렸을 경우, 남겨진 가족들이나 일은 어떻게 될까. 보람이 있는 일, 즐거운 일을 시작하면 그 후엔 그 나름대로 책임을 질 필요도 있을 것이다. 하지만 "가족이나 부하는 힘들겠지요"라고 물어봐도 "글쎄요. 하지만 아내도 일을 하고 있고, 어떻게든 되지 않을까요?"라고 마치 남의 이야기하듯 대답했다. 남겨진 가족들의 곤란함보다 '즐거운 일은 이미 끝났다'라는 자신의 감각 쪽이 지금의 그에게는 훨씬 명료할 것이다.

그럼 이 '끝났다'라는 감각은 어디에서 오는 것일까. 아마도 원인으로는 개인적 요소가 강한 쪽, 사회적 요소가 강한 쪽, 두 가지 측면을 나눠 생각해볼 수 있을 것이다. 우선 개인적 요소 쪽인데 요즘 젊은이들에게는 '즐거운 것은 10대가 끝나기 전까지'라는 가치관이 널리 퍼져 있는 모양이다. 최근 피겨스케이트나 골프 등에서 주목받은 선수들은 10대였다. 번화가에 있는 패션 빌딩에서 가장 활기가 넘치는 것도 10대를 타깃으로 한 상품들을 취급하는 가게다. 반대로 '어른이 되지 않으면 불가능한 것'은 점점 줄어들고 있다. 돈만 있으면 10대가 고급 일식집이나 레스토랑에 출입해도 아무도 뭐라고 하지 않는다. 그런 상황에서라면 '스무 살을 넘기면 더 이상 즐거운 일은 없다'

고 생각하는 사람들이 늘어나고 있다 해도 하나도 이상할 것도 없다.

하지만 젊은 사람들의 '끝났다'라는 감각의 배경에는 좀 더 사회적인 요소도 있는 것 같다. 예를 들어 고도 성장기나 문화 난숙기 등을 거쳐 버블 붕괴와 장기 불황을 겪은 현재, 일본 전체에 '즐거운 시기는 끝났다'라는 감각이 퍼져 있는 것은 아닐까. 냉장고나 에어컨도 아직 없었고, 모든 사람들이 물질적 풍요로움이 마음의 풍요로움으로 이어진다고 믿어 의심치 않았던 쇼와 시대를 그리워하는 영화나 드라마가 엄청나게 만들어지고 있다. 이런 현상을 통해서도 많은 사람들이 '옛날이 지금보다 즐거웠다'고 생각하고 있다는 분위기가 전해져온다. 리얼 타임으로 쇼와 시대를 경험하지 않은 지금의 10대마저도 '아무래도 활기찬 시대는 끝난 것 같다'고 느끼고 있는 것은 아닐까.

굳이 말하자면 "이제 좋을 일은 없을 것이다"라고 말하는 사람이 나이를 먹은 것이 아니라, 그 사람이 있는 사회 자체가 나이를 먹었다는 말일지도 모른다. 사회나 국가에도 연령이 있는지에 대해서는 다양한 논의가 있겠지만, '개발도상국'에서 '성장국', 그리고 '안정국'으로 향해가는 국가의 발달 프로세스는 인간의 라이프 코스에 비유할 수 있다. 일본은 제2차 세계대전 후 한번 리셋돼 새롭게 출발했지만, 그로부터의 성장 모습은 '1년이 인간의 4년에 해당한다'는 눈부신 것이었다. 그렇게 생각해보면 지금은 국가적으로 '안정기'에서 '노년기'에 접어들고 있다고 생각된다. 아마도 그것이 젊은 사람들의 심리에도 눈에 보이지 않는 그림자를 드리우고 있어서, "이젠 더 이상 즐거운 일은 없을 것이다"라는 발언을 부르고 있는 하나의 요인이기도 한 것이 아닐까.

하지만 개인과 마찬가지로 사회나 국가도 한번 손을 댄 것을 중간에 내던져버리는 것은 불가능하다. 자기만 즐거운 일을 다 해버리고 "뒷일은 어떻게든 해"라고 하면서 사라져버리는 것은 무책임하다. '더 이상 즐거운 일은 기대할 수 없다'고 생각해도 '다른 사람들을 위해 무엇을 할 수 있을지'를 생각하는 것은 가능할 것이다. 그리고 다른 사람을 위해 무엇을 할 수 있을지 생각하는 것이 자신의 새로운 기쁨이나 즐거움으로 이어질 가능성도 있을 것이다.

고령화 사회라는 이야기가 나온 지 꽤 됐지만 사회 구성원의 고령화만이 아니라 사회 그 자체의 고령화를 어떻게 해야 할지도 포함해서 대책을 검토해야 할지도 모르겠다. 하지만 '국가가 늙어가는 법'을 생각하는 것은 매우 어려운 문제다. 자신의 나라가 더 이상 젊지 않다는 걸 인정하고 싶은 사람은 아무도 없기 때문이다. 설령 인정했다 해도 그 대책으로 강구해낼 수 있는 것은 고작해야 '옛날로 돌려놔'라는 것이다. 뒷골목에서 아이들이 뛰놀고, 집에서는 가족들의 시끌벅적한 이야기 소리가 들리고, 어머니가 손수 만든 요리 냄새가 진동하는…, 그야말로 쇼와 시대로의 노스탤지어가 어느 사이엔가 '그런 사회로 돌려놔'라는 속내의 제언으로 뒤바뀌는 경우도 있지만, 그런 시절로 돌아가는 것은 물론 무리다. 새삼 경제력을 높여 다른 나라와의 경쟁에서 이겨내 더더욱 풍요로움을 추구하기보다는 '바람직하게 늙어가는 방법'을 모색해서 실행하고, 뒤에서 따라오는 국가의 모범이 되는 편이 득책이라고 생각되는데, 그런 목소리는 좀처럼 커지지 않는다. '아름다운 나라로'가 '아름답게 늙어가는 나라로'로 방향을 전환할 수 있다면 '더 이상 즐거운 일은 없으니 희망도 없다'는 젊은 이들의 허무감도 오히려 가벼워지지 않을까.

저자 후기

　2007년이 시작되자마자 TV의 건강 프로그램에서 대규모 날조가 행해지고 있었다는 사실이 발각돼 엄청난 사회 문제가 됐다. 어느 TV 방송 관계자는 "날조까지는 아니지만 대부분의 건강 프로그램에서 지나친 연출이나 과도한 표현이 사용되고 있다"고 말했다. '건강을 해치면 어찌하나'라는 불안감이나 '어떻게든 노화를 멈출 수는 없을까'라는 고민을 안고 있는 사람들은 '이 식품이 몸에 좋다'라고 알려주는 TV 프로그램을 시청하려고 매번 채널을 고정시킨다. 시청률을 계속 높이기 위해서도 프로그램은 시청자들의 고민이나 불안을 일소할 수 있는 정보를 계속해서 내보내지 않으면 안 되는 것이다.

　고민은 인간의 본질과도 깊이 연관돼 있어서 그것을 모두 제거하는 것은 불가능하다는 사실을 이 책에서도 줄곧 언급해왔다. 그 때문에 고민이 조금 있다고 해서 그것만으로 불안해지거나 "내 인생은 실패했다"면서 절망에 빠질 필요는 없다.

고민이 있는 게 당연한 것이다. 고민과 잘 사귀어야만 깊이 있는 인생이 된다. 그 정도의 마음가짐이 필요할 것이다. 하지만 이 책에서 말하고 싶었던 것은 '고민은 누구에게나 있다'는 것이 아니었다. 이전이라면 굳이 고민하지 않아도 될 만한 것까지 지금에 와서 많은 사람들에게 커다란 '고민'이 되고 있는 것은 고민하고 있는 본인의 책임이 아니라 오히려 사회나 세상의 문제이지 않을까 하는 점이다. 사실은 세상 때문에 생겨난 '고민'을 '자신의 노력 부족이나 잘못 탓'이라고 생각하게 만들어 불안감을 부추기고, 여러 가지 것들을 사게 만드는 비즈니스까지 존재한다.

거리에 나가면 살짝 어깨가 부딪힌 젊은 비즈니스맨이 이쪽을 노려본다. 역에 있는 최신식 자동 티켓발매기를 어떻게 사용해야 좋을지 모르겠다. 전철을 탔을 때 창문에 비친 자신의 얼굴이 묘하게 늙어 보인다. 전철 통로에 멍하니 서 있었더니 젊은 여성이 "내릴 거니까 비켜주세요!"라고 야박한 말투로 쏘아붙인다. 그 바람에 "나는 세상에서 쓸데없는 존재인 걸까"라는 생각마저 든다…. 아무것도 하지 않았는데 모든 것들이 이런 식으로 '고민'이 되는 것도 지금 세상에서는 일어날 수 있는 것이다.

그런 사회를 당장은 바꿀 수 없겠지만, 예를 들어 적어도 자동 티켓발매기를 사용할 수 없는 자신에 대해 '부끄럽다'고 생각하는 것이 아니라 근처에 있는 사람에게 "이거, 어떻게 사용하면 좋을까요?"라고 당당하게 물을 수 있는 분위기만이라도 된다면, 또는 그런 질문을 받은 사람이 "이런 것도 몰라요?"라고 깔보지 않고 친절하게 가르쳐줄 수 있는 마음의 여유만 있다면 당혹스러움은 고민까지 되지 않는 사이에 사라져버릴 수도 있을 것이다. '고민을 고민으로 만들지 않는 힌트'는 이 책 안에 몇 가지인가 써두었다고 생각한다.

고민할 필요도 없는 것 때문에 고민하고 있으면 '좋아하는 사람과 친해지기 위해서는 어떻게 하면 좋을까요?' 같은 '진정한 고민'에까지 머리가 돌아가지 않게 된다. 인생을 풍요롭게 해주는 진정한 고민에는 정작 손도 대지 못한 채 아까운 시간만 흘려보내는 것은 너무나 안타깝다는 생각이 든다. 우리에게 진정으로 필요한 것은 불안 속에서 고민하는 것이 아니라, 안심하고 진정한 고민을 고민할 수 있는 사회다. '안심하고 고민한다'는 것은 기묘한 표현으로 들릴지 모르지만 나는 그런 식으로 생각하고 있다.

이 책은 앞서 나온 『요즘 시대의 '상식'いまどきの'常識'』에 이어 이와나미신서 편집부 다나카 히로유키田中宏幸 씨의 진력에 힘입어 형태를 갖추게 됐다. 글 쓰는 사람에게 부담을 주지 않고 끊임없이 격려해주시고, 심지어 원고의 구석구석까지 꼼꼼히 살펴봐주시는 '재주'의 소유자인 다나카 씨가 없었다면 '왜 고민하는 사람이 늘었을까'라는 나의 생각도 그저 막연한 느낌으로 끝나버려 결코 그 결실을 맺지 못했을 것이다. 만약 이 책을 조금이라도 '읽기 쉽다', '납득할 수 있었다'라고 생각해주시는 독자분이 계신다면 그것은 오로지 다나카 씨의 노고에 의한 것이다. 아울러 본문 중에 나오는 다양한 케이스(사례)는 특정한 개인의 이야기가 아니라 여러 사람의 에피소드를 재구성한 것이라는 점에 대해 양해를 구해두고 싶다.

안심하고 느긋하게 개인이 개인의 '고민'과 마주할 수 있는 세상이 반드시 다시 찾아올 것이다. 이것은 나의 '고민'이 아니라 거대한 '희망'이라는 점을 마지막에 적어두고 싶다.

가야마 리카

역자 후기

역시 이와나미였다. 책 제목이 『고민의 정체』이다 보니
고민 많은⑦ 사람으로서 그냥 지나칠 수도 없는 노릇이었
다. 내 가슴속에서 알알이 무르익고 있는 그 많은 개인적
고민을 해결할 다시 없는 찬스가 되리라. 목차를 살펴보
니 구구절절 다 내 얘기였다.

하지만 막상 책을 읽다 보면 알게 될 것이다. 여기서 말
하는 고민은 개인적 영역에 그치지 않고 사회에 대한 관심
과 소통을 기반으로 하고 있다. 일반적으로 고민을 하다
보면 나에 대해 자책을 하거나 타인을 향해 분노를 분출하
기 쉬운데, 이 책의 경우 끊임없이 사회나 국가의 시스템
의 문제를 언급하며 좀 더 거시적인 관점을 강조하고 있
다. 책의 저자는 정신과 의사이지만 사회에 대해 비상한
관심을 가지고 있다는 점에서 매우 신선했다. 참고로 이
책에서 다루고 있는 고민은 얼마 전까지만 해도 '고민' 축
에도 들지 않았을 법한 부류의 고민, 이른바 '요즘 시대의

고민'을 주로 대상으로 삼고 있다. 이 때문에 저자는 고민의 해결을 개인의 영역으로 회귀시키지 않고 '그런 것들을 굳이 고민하지 않아도 되는 사회를 만드는 것'에 많은 관심을 쏟고 있는 것이다.

저자는 인생을 풍요롭게 해주는 '진정한 고민'에는 정작 손도 대지 못한 채, 아까운 시간만 지나가는 것이 너무나 안타깝다는 생각이 든다고 말한다. 또한 우리들에게 진정으로 필요한 것은 '안심하고 진정한 고민을 고민할 수 있는 사회'이며, 누구에게나 고민이 있는 게 당연하고, 고민과 잘 사귀어야만 깊이 있는 인생이 된다고도 말한다. 구구절절 다 지당한 말씀이다. 번역을 마치고 다소 편안한 마음이 됐고, 조금은 희망적이 되기도 했다. 이런저런 고민(?)들을 산뜻하게 처리하고, 이제부터는 기쁜 마음으로 진정한 고민과 진지하게 마주해야 할 시간이다.

2018년 8월

옮긴이 김수희

일본의 지성을 읽는다

006 강상중과 함께 읽는 나쓰메 소세키

강상중 지음 | 김수희 옮김 | 8,900원

나쓰메 소세키의 작품 세계를 통찰!
오랫동안 나쓰메 소세키 작품을 음미해온 강상중의 탁월한 해석을 통해 나쓰메 소세키의 대표작들 면면에 담긴 깊은 속뜻을 알기 쉽게 전해준다.

007 잉카의 세계를 알다

기무라 히데오, 다카노 준 지음 | 남지연 옮김 | 8,900원

위대한 「잉카 제국」의 흔적을 좇다!
잉카 문명의 탄생과 찬란했던 전성기의 역사, 그리고 신비에 싸여 있는 유적 등 잉카의 매력을 풍부한 사진과 함께 소개한다.

008 수학 공부법

도야마 히라쿠 지음 | 박미정 옮김 | 8,900원

수학의 개념을 바로잡는 참신한 교육법!
수학의 토대라 할 수 있는 양·수·집합과 논리·공간 및 도형·변수와 함수에 대해 그 근본 원리를 깨우칠 수 있도록 새로운 관점에서 접근해본다.

009 우주론 입문 -탄생에서 미래로-

사토 가쓰히코 지음 | 김효진 옮김 | 8,900원

물리학과 천체 관측의 파란만장한 역사!
일본 우주론의 일인자가 치열한 우주 이론과 관측의 최전선을 전망하고 우주와 인류의 먼 미래를 고찰하며 인류의 기원과 미래상을 살펴본다.

010 우경화하는 일본 정치

나카노 고이치 지음 | 김수희 옮김 | 8,900원

일본 정치의 현주소를 읽는다!
일본 정치의 우경화가 어떻게 전개되어왔으며, 우경화를 통해 달성하려는 목적은 무엇인가. 일본 우경화의 전모를 낱낱이 밝힌다.

011 악이란 무엇인가

나카지마 요시미치 지음 | 박미정 옮김 | 8,900원

악에 대한 새로운 깨달음!
인간의 근본악을 추구하는 칸트 윤리학을 철저하게 파고든다. 선한 행위 속에 어떻게 악이 녹아들어 있는지 냉철한 철학적 고찰을 해본다.

012 포스트 자본주의 -과학·인간·사회의 미래-

히로이 요시노리 지음 | 박제이 옮김 | 8,900원

포스트 자본주의의 미래상을 고찰!
오늘날 「성숙·정체화」라는 새로운 사회상이 부각되고 있다. 자본주의·사회주의·생태학이 교차하는 미래 사회상을 선명하게 그려본다.

013 인간 시황제

쓰루마 가즈유키 지음 | 김경호 옮김 | 8,900원

새롭게 밝혀지는 시황제의 50년 생애!
시황제의 출생과 꿈, 통일 과정, 제국의 종언에 이르기까지 그 일생을 생생하게 살펴본다. 기존의 폭군상이 아닌 한 인간으로서의 시황제를 조명해본다.

014 콤플렉스

가와이 하야오 지음 | 위정훈 옮김 | 8,900원

콤플렉스를 마주하는 방법!
「콤플렉스」는 오늘날 탐험의 가능성으로 가득 찬 미답의 영역, 우리들의 내계, 무의식의 또 다른 이름이다. 융의 심리학을 토대로 인간의 심층을 파헤친다.

015 배움이란 무엇인가

이마이 무쓰미 지음 | 김수희 옮김 | 8,900원

'좋은 배움'을 위한 새로운 지식관!
마음과 뇌 안에서의 지식의 존재 양식 및 습득 방식, 기억이나 사고의 방식에 대한 인지과학의 성과를 바탕으로 배움의 구조를 알아본다.

016 프랑스 혁명 -역사의 변혁을 이룬 극약-

지즈카 다다미 지음 | 남지연 옮김 | 8,900원

프랑스 혁명의 빛과 어둠!
프랑스 혁명은 왜 그토록 막대한 희생을 필요로 하였을까. 시대를 살아가던 사람들의 고뇌와 처절한 발자취를 더듬어가며 그 역사적 의미를 고찰한다.

017 철학을 사용하는 법

와시다 기요카즈 지음 | 김진희 옮김 | 8,900원

철학적 사유의 새로운 지평!
숨 막히는 상황의 연속인 오늘날, 우리는 철학을 인생에 어떻게 '사용'하면 좋을까? '지성의 폐활량'을 기르기 위한 실천적 방법을 제시한다.

018 르포 트럼프 왕국 -어째서 트럼프인가-

가나리 류이치 지음 | 김진희 옮김 | 8,900원

또 하나의 미국을 가다!
뉴욕 등 대도시에서는 알 수 없는 트럼프 인기의 원인을 파헤친다. 애팔래치아 산맥 너머, 트럼프를 지지하는 사람들의 목소리를 가감 없이 수록했다.

019 사이토 다카시의 교육력 -어떻게 가르칠 것인가-

사이토 다카시 지음 | 남지연 옮김 | 8,900원

창조적 교육의 원리와 요령!
배움의 장을 향상심 넘치는 분위기로 이끌기 위해 필요한 것은 가르치는 사람의 교육력이다. 그 교육력 단련을 위한 방법을 제시한다.

020 원전 프로파간다 -안전신화의 불편한 진실-

혼마 류 지음 | 박제이 옮김 | 8,900원

원전 확대를 위한 프로파간다!
언론과 광고대행사 등이 전개해온 원전 프로파간다의 구조와 역사를 파헤치
며 높은 경각심을 일깨운다. 원전에 대해서, 어디까지 진실인가.

021 허블 -우주의 심연을 관측하다-

이에 마사노리 지음 | 김효진 옮김 | 8,900원

허블의 파란만장한 일대기!
아인슈타인을 비롯한 동시대 과학자들과 이루어낸 허블의 영광과 좌절의 생
애를 조명한다! 허블의 연구 성과와 인간적인 면모를 살펴볼 수 있다.

022 한자 -기원과 그 배경-

시라카와 시즈카 지음 | 심경호 옮김 | 9,800원

한자의 기원과 발달 과정!
중국 고대인의 생활이나 문화, 신화 및 문자학적 성과를 바탕으로, 한자의 성
장과 그 의미를 생생하게 들여다본다.

023 지적 생산의 기술

우메사오 다다오 지음 | 김욱 옮김 | 8,900원

지적 생산을 위한 기술을 체계화!
지적인 정보 생산을 위해 저자가 연구자로서 스스로 고안하고 동료들과 교류
하며 터득한 여러 연구 비법의 정수를 체계적으로 소개한다.

024 조세 피난처 -달아나는 세금-

시가 사쿠라 지음 | 김효진 옮김 | 8,900원

조세 피난처를 둘러싼 어둠의 내막!
시민의 눈이 닿지 않는 장소에서 세 부담의 공평성을 해치는 온갖 악행이 벌
어진다. 그 조세 피난처의 실태를 철저하게 고발한다.

025 고사성어를 알면 중국사가 보인다

이나미 리쓰코 지음 | 이동철, 박은희 옮김 | 9,800원

고사성어에 담긴 장대한 중국사!
다양한 고사성어를 소개하며 그 탄생 배경인 중국사의 흐름을 더듬어본다. 중
국사의 명장면 속에서 피어난 고사성어들이 깊은 울림을 전해준다.

026 수면장애와 우울증

시미즈 데쓰오 지음 | 김수회 옮김 | 8,900원

우울증의 신호인 수면장애!
우울증의 조짐이나 증상을 수면장애와 관련지어 밝혀낸다. 우울증을 예방하
기 위한 수면 개선이나 숙면법 등을 상세히 소개한다.

027 아이의 사회력

가도와키 아쓰시 지음 | 김수희 옮김 | 8,900원

아이들의 행복한 성장을 위한 교육법!
아이들 사이에서 타인에 대한 관심이 사라져가고 있다. 이에 「사람과 사람이
이어지고, 사회를 만들어나가는 힘」으로 「사회력」을 제시한다.

028 쑨원 -근대화의 기로-

후카마치 히데오 지음 | 박제이 옮김 | 9,800원

독재 지향의 민주주의자 쑨원!
쑨원, 그 남자가 꿈꾸었던 것은 민주인가, 독재인가? 신해혁명으로 중화민국을
탄생시킨 희대의 트릭스터 쑨원의 못다 이룬 꿈을 알아본다.

029 중국사가 낳은 천재들

이나미 리쓰코 지음 | 이동철, 박은희 옮김 | 8,900원

중국 역사를 빛낸 56인의 천재들!
중국사를 빛낸 걸출한 재능과 독특한 캐릭터의 인물들을 연대순으로 살펴본다.
그들은 어떻게 중국사를 움직였는가?!

030 마르틴 루터 -성서에 생애를 바친 개혁자-

도쿠젠 요시카즈 지음 | 김진희 옮김 | 8,900원

성서의 '말'이 가리키는 진리를 추구하다!
성서의 '말'을 민중이 가슴으로 이해할 수 있도록 평생을 설파하며 종교개혁을
주도한 루터의 감동적인 여정이 펼쳐진다.

031 고민의 정체

가야마 리카 지음 | 김수희 옮김 | 8,900원

현대인의 고민을 깊게 들여다본다!
우리 인생에 밀접하게 연관된 다양한 요즘 고민들의 실례를 들며, 그 심층을 살
펴본다. 고민을 고민으로 만들지 않을 방법에 대한 힌트를 얻을 수 있을 것이다.

고민의 정체

초판 1쇄 인쇄 2018년 9월 10일
초판 1쇄 발행 2018년 9월 15일

저자 : 가야마 리카
번역 : 김수희

펴낸이 : 이동섭
편집 : 이민규, 서찬웅, 탁승규
디자인 : 조세연, 백승주, 김현승
영업 · 마케팅 : 송정환
e-BOOK : 홍인표, 김영빈, 유재학, 최정수
관리 : 이윤미

㈜에이케이커뮤니케이션즈
등록 1996년 7월 9일(제302-1996-00026호)
주소 : 04002 서울 마포구 동교로 17안길 28, 2층
TEL : 02-702-7963~5   FAX : 02-702-7988
http://www.amusementkorea.co.kr

ISBN 979-11-274-1838-0 04190
ISBN 979-11-7024-600-8 04080

NAYAMI NO SHOTAI
by Rika Kayama
Copyright © 2007 by Rika Kayama
First published 2007 by Iwanami Shoten, Publishers, Tokyo.
This Korean edition published 2018
by AK Communications, Inc., Seoul
by arrangement with the Proprietor c/o Iwanami Shoten, Publishers, Tokyo.

이 도서의 국립중앙도서관 출판예정도서목록(CIP)은 서지정보유통지원시스템 홈페
이지(http://seoji.nl.go.kr)와 국가자료공동목록시스템(http://www.nl.go.kr/kolisnet)
에서 이용하실 수 있습니다. (CIP제어번호: CIP2018025709)

*잘못된 책은 구입한 곳에서 무료로 바꿔드립니다.